Michel Houellebecq.

Sexuellement correct

Editions MLC
Le Montet – 36340 Cluis

© MLC 2018
ISBN : 978-2374320571
Dépôt légal : Mars 2018

Photo couverture : Mariusz Kubik
Photo 4ème: MLC

Murielle Lucie Clément

Michel Houellebecq.
Sexuellement correct

MLC

Introduction

La passion a cela d'étrange qu'elle vous rend aussi sensible qu'invulnérable.
Écorché vif et aux anges. Plus heureux que plus déchiré.
Peut-être ce qui manque aux hommes est-ce le goût du respect,
que je veux porter en moi à ses extrêmes limites.[1]

Lauréat du prix Goncourt 2010, hué et loué à égale mesure, Michel Houellebecq reste un auteur controversé des Lettres françaises. Cependant, maintes fois, les discours généraux sur sa personnalité et ses déclarations, rapportées avec délectation

---

[1] Marcel Jouhandeau, *Du pur amour*, Éditions Gallimard, 1969, p. 41.

par une presse friande de scandales, occultent par malheur l'œuvre et l'écriture. Position reprise par la critique universitaire, à de rares exceptions. Dans son ouvrage composé de concert avec Bernard-Henri Levy[2], Michel Houellebecq, comme il l'exprime au fil des pages, se sent lésé par la critique.

Michel Houellebecq. Sexuellement correct n'a pas pour vocation de donner tort ou raison à l'auteur, mais notre investigation se concentre sur l'un des aspects de l'œuvre : l'Éros sous toutes ses formes. Dans nos précédents ouvrages, nous avons abordé le thème de l'érotisme de manière

---

[2] Michel Houellebecq et Bernard-Henri Lévy, *Ennemis publics*, Paris, Flammarion/Grasset, 2008.

Introduction

succincte. *Houellebecq, Sperme et sang* (2003)[3], le premier ouvrage universitaire sur l'auteur, est un survol général de l'œuvre. *Michel Houellebecq revisité* (2005)[4] approfondissait cette lecture et analysait en détail l'écriture mettant à jour les spécificités de la logorrhée houellebecquienne : les rêves, la mémoire, l'intertextualité, l'écriture... *Michel Houellebecq. Sexuellement correct* s'applique à rechercher les fonctions narratives, discursives, descriptives des scènes érotiques de l'auteur. En effet, si la récurrence des scènes charnelles a fréquemment été notée par la critique, leur fonction, que

---

[3] Murielle Lucie Clément, *Houellebecq, Sperme et sang*, Paris, L'Harmattan, 2003.
[4] Murielle Lucie Clément, *Michel Houellebecq revisité. L'écriture houellebecquienne*, Paris, L'Harmattan, 2005.

nous essayons de démontrer ici, n'a pas été, ce nous semble, jusqu'ici analysée.

*

Dans ce dessein, nous présentons en premier lieu quelques chiffres en rapport avec les termes ayant trait au sexe ou la sexualité dans les romans houellebecquiens. *Extension du domaine de la lutte* (1994)[5] met en scène un technicien en informatique, trentenaire, selon ses dires dépourvu de beauté et de charme. Malgré un pouvoir d'achat confortable, deux fois et demie le SMIC, mais sujet à de fréquents accès dépressifs, il n'attire pas les femmes, ne cor-

---

[5] Michel Houellebecq, *Extension du domaine de la lutte* (1994), Paris, J'ai lu, 1997.

Introduction

respondant guère à ce qu'elles rechercheraient prioritairement. Cet informaticien est un spectateur, au regard efficace et précis, de la société. Il décrit la lutte quotidienne de ses congénères. Sous l'influence du modèle libéral, ce combat épique est coulé dans un principe où les lits n'offrent plus aucun refuge et où il faut savoir se distinguer dans la hiérarchie sociale. L'entourage ambiant, du moins sa vision de cet environnement, n'est pas pour le sortir de sa neurasthénie aigrie et de son célibat sans issue, bien au contraire. Tout est désenchantement dans un monde de désespoir et de non-sens. Pour s'aider à survivre existentiellement, le narrateur s'adonne à l'écriture de fantaisies animalières. Disséminés sur cent cinquante-six pages, nous comptons un total de soixante-dix-sept termes, considérant tout aussi bien les organes masculins que les organes féminins. Toutefois, dans ce roman, la rencontre des deux est nihil. Nous avons des scènes de masturbation, de castration et beaucoup de déni, ou du moins, de refus de la sexualité partagée chez le narrateur.

Dans *Les Particules élémentaires* (1998)[6], les destinées parallèles de deux frères sont mises en scène. Bruno, un enseignant disjoncté qui s'essaie à la littérature et Michel, un scientifique de renommée mondiale, sur le point de faire une découverte sensationnelle qui révolutionnera le monde contemporain. Tous deux

---

[6] Michel Houellebecq, *Les Particules élémentaires*, Paris, Flammarion, 1998.

Introduction

développent leur vision sur l'œuvre de Huxley au cours d'un entretien. La comparaison entre les deux couples de frères s'impose d'elle-même par le titre du chapitre « Julian et Aldous ». Sur trois cent quatre-vingts pages, nous avons répertorié deux cent trente-neuf termes et expressions décrivant les organes masculins et féminins. Les rencontres entre les deux sont particulièrement nombreuses ainsi que les émissions physiologiques et les relations buccogénitales.

Dans *Lanzarote* (2000)[7], un narrateur désabusé effectue un séjour touristique dans l'île éponyme. Il y rencontre un commissaire belge, pédophile et deux Al-

---

[7] Michel Houellebecq, *Lanzarote*, Paris, Flammarion, 2000.

lemandes, lesbiennes non exclusives, ce qui donne lieu à quelques scènes hilarantes à l'humour incisif, railleur et grinçant, sur les affres du touriste, pauvre écorché des voyages organisés. Vision amère sur le monde avec des formules de moraliste classique et des parties de gaudriole triolesque. Opuscule de quatre-vingt-dix pages, agrémenté par cinquante-neuf termes avec une nette propension au lesbianisme. Les organes masculins et féminins s'y rencontrent dans diverses formules où les relations buccogénitales et les fluides sont considérés, avec mention de pédophilie en fin de roman.

L'exotisme et le pittoresque se rejoignent dans le roman torride et subversif,

Introduction

Plateforme (2001)[8] où le narrateur, Michel, un employé du Ministère de la Culture, chargé des dossiers d'attribution des subventions aux artistes d'art contemporain, à la mort de son père, se décide pour un voyage en Thaïlande sous la houlette de Nouvelles Frontières. Il s'y adonne aux plaisirs du massage et visite les bars à prostituées. Économie et sociologie semblent les enjeux à sa rencontre avec Valérie, cadre d'un organisme de tourisme avec laquelle il met sur pied un système d'exploitation touristique sexuelle. Pour forcer le trait, enfoncer vraiment le clou, trois cent soixante-dix pages et trois cent soixante-douze termes : presque un terme à

---

[8] Michel Houellebecq, *Plateforme*, Paris, Flammarion, 2001.

chaque page ! Organes féminins, organes masculins, relations buccogénitales et autres avec émissions dans tous les registres très abondantes. Une panoplie assez représentative dans sa complétude avec lesbianisme, triolisme, viol... Quant à *La Possibilité d'une île*[9], fondé sur plusieurs siècles et vingt-quatre générations sur quatre cent quatre-vingt-cinq pages, le roman est pourtant loin d'être une saga familiale ordinaire. Les personnages masculins possèdent une vision très noire de la réalité ou bien ils cherchent à s'en faire une. Il s'agit de dépasser l'espèce humaine en voie de disparition afin d'éviter l'anéantissement de la nature. Naissance

---

[9] Michel Houellebecq, *La Possibilité d'une île*, Paris, Fayard, 2005.

Introduction

donc d'une nouvelle espèce : les néo-humains. Ce roman – cent trente-quatre termes – est nettement moins jouissif avec tout de même, il est vrai des descriptions d'organes des deux sexes en relations bucco-génitales et quelques émissions.

Si nous nous penchons sur les relations proportionnelles entre termes et pages, nous obtenons le graphique suivant :

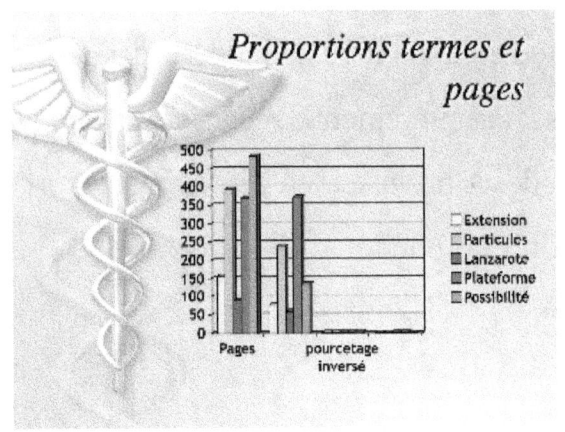

En fait, peu a été écrit du sexe de Houellebecq si ce n'est de manière polémique pour le catégoriser de pornographique ou d'érotique. Nous avons démontré ailleurs que la réponse réside dans la position de l'observateur[10]. D'un autre côté, les critiques partagent majoritairement le même avis sur la place assez considérable accordée aux descriptions charnelles dans les romans houellebecquiens. La question centrale de cette étude se module sur deux volets. Premièrement, recenser et analyser ces descriptions et, en deuxième ressort, en définir la fonction.

*

---

[10] Murielle Lucie Clément, *Michel Houellebecq revisité. L'écriture houellebecquienne, op. cit.*

Bouillon de culture

Afin de décider de la fonction et de la spécificité des descriptions de scènes érotiques et des relations sexuelles dans l'œuvre houellebecquienne, il convient d'appréhender la position de l'auteur au sein du paysage littéraire français et de son public. En effet, Houellebecq, bien que regardé comme un chef de file des représentants d'une littérature rebelle, voire transgressive, n'est pas né *ex nihilo*. Nous allons donner ici un bref aperçu des écrivains se profilant, non comme un groupe ou une école – aucun d'entre eux ne revendiquant une affiliation quelconque –

mais, bien comme des auteurs creusant la même veine, exploitant le même filon : celui de l'Éros sous toutes ses formes. Il serait, toutefois, vain de les considérer comme des épigones, les ouvrages de certains d'entre eux précédant la parution des romans houellebecquiens de plusieurs décennies. Tout au plus, font-ils partie du même paysage littéraire.

Pour la rédaction des pages suivantes, nous sommes de beaucoup tributaires de Christian Authier et son superbe essai *Le Nouvel Ordre sexuel* (2002)[11] dans lequel il esquisse les traits de ce paysage contemporain où un nouvel ordre sexuel « régit les mœurs ». Soutenu par une analyse per-

---

[11] Christian Authier, *Le Nouvel Ordre sexuel*, Bartillat, 2002, pp. 86-87, 96-105, 228-229.

Bouillon de culture

tinente, Authier soumet à notre entendement ces changements survenus dans le domaine du cinéma, de la littérature, de la télévision, où le sexe s'ébat de plus en plus crûment et ostensiblement. Selon Authier, « la production littéraire contemporaine nous offre de précieuses clés pour comprendre le phénomène ».

*

L'œuvre de Régis Jauffret, né en 1955 à Marseille, s'apparente à celle de Michel Houellebecq en cela que les personnages sont peu décrits, anonymes dans des sociétés dont on ne sait exactement où les placer si ce n'est qu'elles sont occidentales. Authier le décrit ainsi :

> On retrouve à travers ces êtres sans visage, évoluant dans des sociétés anonymes, la comédie inhumaine de l'auteur : violence, crime, viol, cruauté, maladie, accident, prostitution, mort... Théâtre de la frustration, de la solitude et de la folie, l'œuvre de Jauffret pourrait se réduire à un amas d'obsessions morbides si son écriture sèche ne donnait une étonnante puissance à ses voix intérieures qui égrènent leurs cauchemars et leurs errances pour glisser de l'autre côté du miroir, vers des fantômes d'une inquiétante réalité. (p. 86)

Cette analyse d'Authier pourrait très bien s'appliquer à l'auteur d'*Extension du domaine de la lutte*, si ce n'est que Houellebecq a placé ses héros dans un cadre géographique défini. En outre, portés à l'écran, ses romans ont subi une concrétisation imagière à l'encontre de ceux de Jauffret.

Bouillon de culture

Jauffret offre deux romans où la frustration côtoie la démence engendrée par la solitude. Au contraire de Houellebecq qui expose régulièrement la vie de personnages masculins, ce sont des femmes qui en sont les personnages centraux et souvent excentrés. Tel *Clémence Picot* (1999)[12] dont l'histoire incroyable, à l'opposé d'Amélie Poulain, en est un exemple. Clémence, comme Amélie, naît dans une famille mal aimante, mais au lieu de devenir une petite sainte, elle se transforme en une sorte de monstre. Infirmière la nuit, elle passe ses journées à mentir à ses voisins et à les torturer psychologiquement et physiquement. Il est malaisé de

---

[12] Régis Jauffret, *Clémence Picot*, Verticales, 1999.

définir s'il s'agit de son imaginaire ou de son vécu. L'angoisse saisit le lecteur de la première à la dernière page. *Clémence Picot* tient du roman policier où la langue française est maniée avec brio.

Le phénomène se répète avec *Promenade* (2001)[13], dans lequel Jauffret raconte l'histoire d'une femme anonyme, névrosée, isolée, qui s'ennuie profondément et tue le temps en dormant ou en se promenant dans la rue lorsqu'elle en a le courage ou bien en pensée lorsque celui-ci lui fait défaut. « Elle voulait partir, ce type en face d'elle était un précipice. Elle refusait de se laisser tomber, de chuter sa vie entière et de finir par éclater au fond comme sur n'importe quelle bordure de trottoir. Elle

---

[13] Régis Jauffret, *Promenade*, Verticales, 2001.

Bouillon de culture

restait pourtant avec lui, elle sentait passer les années, douleurs profondes et lentes. Les mois étaient plus poussifs, et elle voyait les secondes se former l'une après l'autre devant ses yeux avec une exaspérante apathie » (p. 271). Une réflexion sur sa vie ou sur ce qu'elle pourrait être dans des circonstances différentes l'habite sans cesse. Sujette à une terrible dépression, elle imagine aussi des scénarios pour les autres. Grâce à une écriture où la caractérisation personnalise l'errance, Régis Jauffret entraîne son lecteur dans les lacets d'une destinée plongeant en apnée dans les flux de l'existence, se déroulant, à l'évidence dans la société contemporaine : « Elle tirait un peu d'argent des distributeurs automatiques, et pour l'instant ils lui en avaient toujours donné ». Passant du conditionnel à l'imparfait, Jauffret promène son lecteur dans une vie où l'imaginaire de l'héroïne l'égare tour à tour dans les nébuleuses des temps forts de son questionnement existentiel. La chute trouble autant qu'elle surprend dans une accélération de la narration déstabilisante du début à la fin. La quatrième de couverture est significative et explicite :

> La vie est une promenade, on va, on vient, on s'achemine. Les êtres se succèdent sans qu'on les reconnaisse. On les devine du bout des antennes comme des corps posés sur le tapis roulant de l'espèce. L'angoisse bat, palpite à la place du cœur. Le cerveau est une chambre de torture où on n'ose pas hurler de crainte d'exaspérer la douleur. Les décennies de l'existence s'entassent l'une sur l'autre comme des cubes. On les traverse hagard, sans éprouver à chaque instant

Bouillon de culture

l'émerveillement de se trouver là. Juste avant de basculer vient l'instant vers lequel sans le savoir on se dirigeait depuis l'origine. Tout s'éclaire, s'illumine, le bonheur embrase l'horizon comme une pluie de soleils. On n'a pas le temps de se dire que la Promenade valait la peine malgré tout. Les lumières se sont déjà éteintes, on n'aura existé que pour cette joie immense et brève.

*

Si nous pouvons ranger Régis Jauffret parmi les contemporains de Michel Houellebecq, force est de reconnaître comme ses prédécesseurs – sur le chemin du sexe cru émaillant les diégèses – Philippe Djian ou Christian Laborde. Cela à tel point qu'échoit au second le douteux honneur de voir son roman *L'Os de Dionysos* (1987)[14]

---

[14] Christian Laborde, *L'Os de Dionysos*, Toulouse, Eché, 1987.

porté devant la justice et condamné par le tribunal de grande instance de Pau pour « trouble illicite, incitation au désordre et à la moquerie, pornographie et danger pour la jeunesse ». Roman teinté d'autobiographie où collègues et notables se reconnaissent dans les « portraits au vitriol » de Laborde. La première phrase volcanique « Longtemps je me suis branlé de bonne heure[15] » et le passage sulfureux : « Le cul de Laure. Je t'interroge, tête de momie. Je te sonde, cristal charnu. Parle-moi de moi ! Astre, pomme, paradis, appels de crocs, terre à gencives, électrique salive du bourreau, je lèche, je te lèche, je lèche donc je suis. Raie, cul, trous, fente,

---

[15] Christian Laborde, *L'Os de Dionysos*, Éditions Le Livre de Poche, 2008, p. 9.

Bouillon de culture

saxophone. M'sieur Descartes n'a rien compris, c'est dans la chair que tout est dit. Le cul de Laure. Devant. Je suis aveugle. Le tabernacle est dans la raie. J'ai la queue raide. Je me signe devant le trou. Je communie dans l'orifice » (p. 71) démontre que l'érotisme humoristique – ou la pornographie selon la vision d'où l'on observe ces passages – n'a pas attendu Houellebecq pour envahir la littérature. À ce sujet, Authier précise :

> [...] mais la pornographie et la lubricité avaient connu bien avant Laborde d'autres propagandistes comme elles en connaîtraient beaucoup d'autres plus tard. On n'ose imaginer les juges de Pau et de Tarbes ayant condamné *L'Os de Dionysos* découvrant la prose de Claire Legendre ou de Virginie Despentes... Bien qu'il faille considérer "l'affaire Laborde" dans ses justes dimensions (un cas exceptionnel jugé par des

magistrats de province), elle nous rappelle néanmoins avec éclat que, voici à peine quinze ans, un roman pouvait être interdit en France pour quelques pages érotiques.[16]

Notons que *L'Os de Dionysos* avait eu de fameux prédécesseurs. Parmi eux, deux romans de Nicolas Genka, parus en 1961 et 1964 (centrés autour de l'inceste père-fille) et interdits jusqu'en 2005 par des gouvernements successifs.

*

Nicolas Genka, de son vrai nom Eugène Nicolas, sort de l'oubli où l'avait plongé l'interdiction de ses romans lorsque, début 1999, la petite maison d'édition Exils réé-

---

[16] Christian Authier, *Le Nouvel Ordre sexuel*, Bartillat, 2002, p. 72.

Bouillon de culture

dite *L'Épi monstre* (1961)[17] traitant l'inceste en milieu campagnard. À sa sortie chez Julliard en 1961, Jean Cocteau lui décerne le *Prix des Enfants terribles* spécialement conçu pour le récompenser. Mais, les bien-pensants ne l'entendent pas de la même oreille et voient en Genka, alors âgé de vingt-quatre ans, « la honte de son village[18] » comme le titre *Paris-Presse* lorsque sa maison bretonne est saccagée. Puis, un an après sa parution, *L'Épi monstre* est interdit par le ministre de l'Intérieur, au nom de la protection des mineurs, interdiction concernant aussi toute traduction. Une mise à l'index qui dénote la confusion faite entre l'auteur et

---

[17] Nicolas Genka, *L'Épi monstre*, Paris, Julliard, 1961.
[18] *Ibidem*, 4ème de couverture.

son narrateur : « La rumeur publique vous attribue la paternité du second enfant de votre sœur. Vos romans sont-ils autobiographiques ? » s'enquièrent les tribunaux[19]. À l'étranger, Pier Paolo Pasolini devait le traduire pour l'Italie ; Vladimir Nabokov avait exprimé son intérêt pour l'ouvrage et Genka avait rencontré Yukio Mishima en vue d'une traduction japonaise. La préface de Marcel Jouhandeau loue l'auteur que Christian Bourgois, alors directeur littéraire chez Julliard, défend bec et ongle. Trois ans après, Genka récidive avec *Jeanne la pudeur* (1964)[20], formellement mis à l'index :

---

[19] Nicolas Genka, *Jeanne la pudeur*, Paris, Flammarion, 1999, p. 7.
[20] Nicolas Genka, *Jeanne la pudeur*, Paris, Julliard, 1964.

Bouillon de culture

L'interdiction qui frappait *L'Épi monstre* est étendue, dès sa publication à *Jeanne la pudeur* par le biais d'un procès intenté à l'auteur. Tant que l'interdiction n'est pas levée, elle reste valable, mais les mœurs ont changé depuis les prudes années 60 et il y a actuellement peu de risques à publier un tel ouvrage. Cela fait longtemps que des textes de littérature générale n'ont pas été frappés par la censure et la plupart des livres interdits le sont aujourd'hui à la demande de personnalités qui s'estiment atteintes dans leur vie privée. Après avoir écrit en 1968 un troisième livre passé totalement inaperçu, Genka cesse de publier, vivant de petits métiers ("j'ai appris l'éthique de la pauvreté", dit-il). Il réside aujourd'hui dans la Beauce où, peut-être encouragé par le tardif, mais bon accueil réservé à ses deux premiers romans, il termine un livre qui se déclinera en plusieurs tomes. Le premier volet, qui sortira l'an prochain, s'intitulera *Les premières maisons de la ville.*[21]

Raphaël Sorin, directeur littéraire

---

[21] http://www.republique-des-lettres.fr/683-nicolas-genka.php, consulté le 1 janvier 2009.

chez Flammarion, déclarait au *Figaro* : « Aujourd'hui [1999], il n'y a plus d'affaire Genka à proprement parler. Mais il y en aura peut-être une si nous faisons les démarches nécessaires pour demander l'abrogation pure et simple de la loi (ndlr : du 19 juillet 1949) qui a frappé Genka. Nous allons commencer par écrire une lettre à Jean-Pierre Chevènement en lui demandant de lever l'interdiction de ses deux livres[22] ». Compréhensible, en ce cas, que l'éditeur évite de faire la demande en bonne et due forme et table sur l'interdiction, toujours valide, pour assurer une publicité à peu de frais. Le lecteur se rappellera le moment où *Les Particules*

---

[22] Raphaël Sorin dans « L'Affaire Genka », Sébastien Lapaque, *Le Figaro*, Juin 1999.

Bouillon de culture

élémentaires furent l'objet d'un scandale et d'un procès de la part de la direction d'un terrain de camping décrit dans ses pages. Toutefois, l'ouvrage ne fut pas frappé d'interdiction. Houellebecq rebaptisa le camping dans les éditions suivantes à l'instigation de la cour.

Quel était l'enjeu de *Jeanne la pudeur*, pourquoi les tribunaux, mais aussi ses concitoyens vouaient-ils Nicolas Genka aux gémonies ? Était-ce l'histoire de viol ?

> La bistrote et son homme avaient suivi d'en haut, tapis, écarquillés aux rideaux bonne femme, la longue lutte de Jeanne toute nue, écartelée sur la fourrure et sur la neige. Ils étaient passés quinze ou seize dans ses jambes, l'envers n'en avait pas moins reçu que l'endroit, et l'un d'eux lui avait caqué sur la figure, un autre l'avait prise avec une

> bouteille. Puis tous en chœur l'avaient fusillée à la neige, et s'étaient éclipsés, la laissant grande ouverte, grande ouverte et sanglante en travers de la neige, avec cette bouteille enfoncée dans les jambes...[23]

La lâcheté des bistrotiers ainsi mise à nue avait-elle choqué dans le contexte ou bien était-ce pour avoir confronté chacun aux horreurs portées en soi ou à celles du siècle : « Le Christ est mort. Vos mains sont couvertes de sang. Le Christ est devenu fou à Buchenwald. Je vois planer sur vous l'oiseau d'Hiroshima. Le vampire est en vous ! Le veau d'or vous emporte ![24] » Était-ce pour la pédophilie à peine suggérée : « Son cœur noircit. Les marmots étaient là, si proches... Il aurait pu palper

---

[23] Nicolas Genka, *Jeanne la pudeur* (1964), Paris, Flammarion, 1999, p. 21.
[24] *Ibidem*, p. 24.

Bouillon de culture

la rose odeur scolaire au creux de leurs genoux et l'adorer là-bas, vers la nuit des buissons à l'écart du village[25] ». Ainsi aux imbroglios judiciaires a succombé la poésie de la langue :

> Dans le cœur de la plaine est un homme inconnu, lunaire, ensorcelé comme le blé qui lève. Son sexe est jeune et lourd, épanoui, diaphane, et la mort s'y abouche et crache des pivoines. Alors par les vergers cernés d'oiseaux voyeurs, quelle rumeur de blues s'exile des fontaines ! La mort prend l'inconnu dans sa gorge amoureuse, et râle, et hurle un concerto de nébuleuses. Puis elle étreint les grands seins pâles de la plaine gonflés de plumes et les saccage, les déchire. Égarée, elle pille un tragique édredon, ce ventre sens dessus dessous de la dormeuse et, respirant le pli de la vulve embaumée, la mort se coule avec des mines de couleuvre par les fougères triomphales de l'automne dont la suie, imprimée sur la neige nocturne, fixe une apparition de forêts

---

[25] *Ibidem*, p. 51.

vertébrales.[26]

Mais, la scène du viol de l'enfant, décrite dans un style réaliste, emporta les suffrages qui sonnèrent le glas de l'interdiction, malgré la poésie de la langue et l'écriture sincère, trop peut-être. Après une course échevelée, dont on ne sait si elle a lieu dans l'esprit de l'homme ou bien dans la réalité, l'enfant, en dépit de son refus doit subir l'outrage qui le mène à la mort :

> L'enfant éparpilla les feuilles de la lune en cercles de plus en plus fantastiques. V'lan ! Plaf ! Musique ! En ordre, en avant les violons ! "– Baisse ton froc, et vite ! aboya l'homme. Allez ! – Non, monsieur ! Je veux pas, monsieur ! l'autre haletait. C'est mal ! – Fais ce que je te dis ! Fais-le ! répéta

---

[26] *Ibidem*, pp. 99-100.

Bouillon de culture
l'homme. – Non !" D'un bond furieux, d'une étreinte qui fit craquer, dans sa poigne de fou, la nuque du puceau, l'homme le terrassa, l'enfourcha, l'aplatit, se le déculotta, le troussa, preste, et puis… L'enfant noir de douleur se tourne dans la terre. Il regarde la mort par ses tympans crevés, et la plaine au loin nue, à jamais émouvante, et l'herbe, et l'homme qui le tue à coups de pied. "– Mon gosse ! éclate l'homme. Il va mourir, mon gosse !"[27]

La pédophilie – encore taboue de discussion il y a peu de temps – reste un sujet honni, que ce soit en littérature ou en société. Est-ce la raison pour laquelle le roman de Houellebecq où elle est la plus explicite, *Lanzarote*, est fréquemment occulté de la liste des œuvres ? En effet, la critique a tendance à ne jamais le nommer. Un récit pourtant plein d'humour et d'autodérision, d'une exceptionnelle viva-

---

[27] *Ibidem*, p. 123.

cité où Houellebecq manipule ses thèmes favoris avec une rare concision.

*

Remontant un peu plus loin dans le temps, nous avons Pierre Louÿs. Dans *Trois filles de leur mère* (1926)[28], zoophilie, masochisme, spermatophilie, inceste, sacrilège, homosexualité, scatophilie sont narrés avec une économie de moyens et une précision redoutables dans un langage ou la crudité le dispute à l'analyse. La zoophilie est peu appréciée par une jeune femme contrainte à ces pratiques par son amant : « C'est mauvais, du foutre de chien et c'est

---

[28] Pierre Louÿs, *Trois filles de leur mère*, Éditions Au dépens d'un Amateur et pour ses amis, 1926.

Bouillon de culture

fatigant à sucer parce qu'ils n'en finissent pas de décharger, les pauvres cabots ! mais j'étais habituée, va ! et dans le métier de putain un lévrier vous dégoûte moins qu'un magistrat. Malheureusement cet homme-là n'avait jamais vu son chien sucé par une fille et ça l'a tellement excité que, pendant quinze dimanches de suite, jusqu'à la fin de septembre... » (p. 114). L'auteur laisse la bride à son imaginaire et semble être devenu un Marquis de Sade donnant dans la joyeuseté. Le narrateur remué doit entendre, dans tous ses détails, le pourquoi et le comment de cette ingestion hors du commun :

> Elle s'interrompit en secouant la tête avec un soupir comme si elle perdait le souffle. "Je te demande pardon... Écoute... Tu ne

peux pas te figurer... Il avait une maison de campagne avec une basse-cour... Le dimanche, il donnait congé à ses gens, même au jardinier... Il m'emmenait... je restais seule avec lui... toujours à poil et mes cheveux sur le dos... c'était en été... Pour quoi faire ? L'amour ? Ah ! non ! pas avec une putain ! Il s'amusait le dimanche à voir une fille de dix-huit ans avaler le foutre de tous les animaux. En quelques jours, un charpentier lui a dressé un cadre en bois de chêne comme ceux où l'on enferme les vaches et les juments pour la saillie. Mais lui, au lieu d'y mettre la femelle, il y attachait le mâle, et quand l'étalon ou le taureau était ligoté, je passais dessous... Pour les chevaux je n'avais pas la bouche assez grande, mais avec la langue et les mains..." Elle me vit pâlir et, obéissant encore à cette révolution astrale de son caractère qui, autour du mot "putain", passait régulièrement de la région plaintive à la zone exaltée ; elle s'anima de phrase en phrase. "Tu le sais bien que j'ai bu du foutre de cheval et du foutre d'âne, du foutre de taureau, du foutre de chien, du foutre de cochon. Au quatrième dimanche, il m'a donné un bol où il avait branlé un animal ! et j'ai bu ! et j'ai su dire que c'était du foutre d'âne. Je connais mieux les foutres que les vins. J'ai vidé plus de couilles que de bouteilles dans ma putain de vie. Et c'est rien que tout ça, même du foutre de cheval, pourvu qu'on n'avale pas de travers. On se met la tête par-dessus, tu comprends ? Entre le poitrail et le membre. Comme ça on reçoit la douche sur le palais, pas dans la gorge et on ne s'étrangle pas. J'avalais tout. Après, tu peux me croire, je n'avais plus soif. (pp. 114-115)

Le premier chapitre donne un aperçu fidèle de la teneur du roman :

> Pas fâchée, peut-être même plus ardente, elle me rendit à pleine bouche le baiser que je lui donnais et, pour m'encourager sans doute, elle me dit : " Tu bandes comme du fer, mais je ne suis pas douillette et j'ai le trou du cul solide. – Pas de vaseline ? Tant mieux. – Oh ! là ! là ! pourquoi pas une pince à gants !" Par une virevolte, elle me tourna le dos, se coucha sur le côté droit, et joua au doigt mouillé avec elle-même, sans autre préambule au sacrifice de sa pudeur. Puis, d'un geste qui m'amusa, elle ferma les lèvres de son pucelage, et elle fit bien, car j'aurais pu croire que j'y pénétrais malgré mes serments. Ce doigt mouillé, c'était assez pour elle, c'était peu pour moi. Je trouvai qu'en effet elle

> n'était "pas douillette", ainsi qu'elle venait de me le faire savoir. (p. 8)

Ces pages pourraient même encore à l'heure actuelle choquer certains lecteurs par leur côté incisif. Pierre Louÿs prévient sur le contenu : « AVIS À LA LECTRICE *Ce petit livre n'est pas un roman. C'est une histoire vraie jusqu'aux moindres détails. Je n'ai rien changé, ni le portrait de la mère et des trois jeunes filles, ni leurs âges, ni les circonstances* ». Houellebecq n'est pas allé aussi loin dans ses descriptions de scène érotique et n'a jamais traité de zoophilie. En cela, il reste très en deçà de Pierre Louÿs et ses absorptions de fluides physiologiques. L'humour n'a pas encore été analysé par les critiques de Houellebecq chez lequel il est pourtant très

Bouillon de culture

certainement présent. D'un côté, l'auteur est légèrement traité par-dessous la jambe ; de l'autre, tout ce qu'il dit est pris très au sérieux. Selon toute probabilité, la situation va évoluer avec la récente attribution du Goncourt.

*

Habité par le souci de l'écriture, *Le Château de Cène* (1969)[29] de Bernard Noël, un

---

[29] *Le Château de Cène*, sous le pseudonyme d'Urbain d'Orlhac, Éditions Jérôme Martineau, Paris, 1969 (la 2e et la 3e édition sont augmentées d'une préface d'Emmanuelle). Réédition corrigée sous le nom de Bernard Noël, chez Jean-Jacques Pauvert, Paris, 1971 (la 3e édition, 1975, est augmentée de *L'Outrage aux mots*). Rééditions toujours avec *L'Outrage aux mots*, « 10/18 », U.G.E, 1977, et Mont-de-Marsan, Cahiers des Brisants, coll, « Nulle Part », 1984. Rééditions augmentées de *Le Château de Hors, L'Outrage aux mots*, et

roman érotique – pornographique pour certains, mais incontestablement en son temps scandaleux – ne provoque plus aucune commotion de nos jours, si ce n'est celle de l'excitation des amateurs. Le narrateur relate en onze chapitres l'aventure où, dans une contrée imaginaire de l'Atlantique, il est soumis à diverses initiations mêlant sévices sexuels et plaisirs extatiques souvent simultanés. Ce poème sexuel met en scène un sexe d'homme en érection pénétrant des orifices divers. Scène banale au vu des films X et romans d'aujourd'hui. L'écrivain, en vrai virtuose, et tout en res-

---

La Pornographie, Paris, Gallimard, coll. « L'Arpenteur », 1990 ; Le Grand Livre du Mois, 1991 ; Gallimard, coll. « L'Imaginaire », 1993. Les allusions politiques et la zoophilie mises en scène valurent à l'auteur un procès pour outrage aux bonnes mœurs.

Bouillon de culture

tant dans le périmètre des parties du corps associées à l'orgasme, transfigure la répétition d'une figure mécanique en un cérémonial halluciné. Un narrateur bandant et baisant une femme écartant les cuisses et son sexe avalant le pénis de manière chaque fois nouvelle et convaincante. La spirale de la sensualité se déroule sans jamais lasser dans un style aux beautés fulgurantes de l'érection à l'éjaculation, découvrant tout au long de nouvelles manières de jouir dans une quête du bonheur éblouissante. La pénétration y est à l'honneur dans le fantasme jamais éculé de l'homme viril exalté par sa propre turgescence et sa vénération du sexe féminin avec quelques bifurcations vers la zoophilie fellatrice :

De la nuque au talon, je résiste. Je bande ma volonté pour ne pas bander, mais la longueur de leur langue donne aux chiens un avantage horrible : jamais bouche n'eut sur moi pareil pouvoir. Le large fouet rose qui pend de leur gueule possède une souplesse infinie et permet aux deux quadrupèdes de m'encercler la bite et de me fouiller le cul avec une vigueur irrésistible. Et la bave, dont ils m'inondent en abondance, facilite leur besogne en donnant à mon bras génital l'illusion de toucher un port désirable. En cet instant, mon sexe était l'Autre, que la pure envie de foutre dressait bien malgré moi. La grosse veine arrière gonflait par à-coups, inexorablement ; et j'en suivais les progrès avec une espèce d'horreur : le sentiment d'assister à quelque chose d'immonde. Quand ma pine eut atteint ses plus larges dimensions, je la vis devenir comme un os énorme dans la gueule du chien qui la branlait.[30]

---

[30] *Le Château de Cène suivi de L'Outrage aux mots*, Paris, Jean-Jacques Pauvert, 1977, pp. 48-49.

Bouillon de culture

En 1974, Bernard Noël écrivait dans une postface avoir écrit un peu par provocation, une arme contre l'idiotie :

> [...] à un certain moment du gaullisme, le roman érotique m'est apparu comme une arme contre la bêtise politique – la seule arme contre cette société satisfaite et puante... il est vrai que la plupart des livres érotiques à succès ne servent qu'à distraire nos jeunes cadres ; j'avais cru au contraire, après l'échec de mai, qu'ils restaient une des formes de violence susceptibles de miner cette société. Si me voilà devenu malgré tout objet de consommation, j'espère tout de même que mon *Château* restera en travers de pas mal de gorges.[31]

En 1984, l'auteur affinait sa plume avec une analyse de la société, de la consommation et de la politique :

---

[31] Bernard Noël, *Le Château de Cène*, Paris, Gallimard, coll. L'Imaginaire, 1993, postface.

Notre société permet tout ce qui ne dérange pas. Si ce n'est plus tout à fait vrai aujourd'hui et s'il y a crise, c'est que l'intérêt immédiat des hommes du pouvoir est en contradiction avec les valeurs qui fondent leur pouvoir. Il faut, par exemple, favoriser la consommation, qui les enrichit, au détriment de la morale, qui les légitime. Pour la première fois, le pouvoir s'établit sur la confusion et non plus sur l'ordre. Il s'agit d'un mensonge généralisé dont la langue est malade. La permissivité actuelle autorise à tout dire parce que ce tout ne veut plus rien dire. La parole devient inoffensive par privation de sens. L'écriture connaît la même privation sous ses formes normalisées : publicité, journalisme, best-sellers, qui passent pour de l'écriture et qui n'en sont pas. L'ancienne censure voulait rendre l'adversaire inoffensif en le privant de ses moyens d'expression ; la nouvelle – que j'ai appelée la *sensure* – vide l'expression pour la rendre inoffensive, démarche beaucoup plus radicale et moins visible. Un bon écrivain est un écrivain sensuré. Tout ce qui médiatise censure.[32]

---

[32] *Ibidem.*

Bouillon de culture

Comment, après avoir lu ces lignes, considérer Michel Houellebecq en chef de file. De toute évidence, Bernard Noël avait déjà pas mal déblayé le terrain. D'autant plus surprenant que la critique lui ait si peu consacré de pages et jamais en rapport ou en comparaison avec l'auteur des *Particules élémentaires*. Il est vrai que ce dernier s'est tenu, à tort ou à raison, éloigné de la zoophilie et qu'aucun de ses romans n'a été interdit jusqu'ici.

Les critiques universitaires se sont fréquemment exprimés sur Noël et les internautes revendiquent haut et fort leur plaisir à la lecture[33]. Selon Patryck Frois-

---

[33] Cf. entre autres, le colloque à Cerisy en 2005 : http://www.ccic-cerisy.asso.fr/noel05.html, dont les actes publiés en collectif : *Bernard Noël : le corps du verbe*, Paris, ENS, 2007, 347 pages.

sard, *Le Château de Cène* consiste en un beau délire :

> Véritable exercice de style pornographique, ce livre expressément provocateur est une suite de scènes de copulation, de scènes de foutre, d'obscènes séances d'un sadomasochisme exacerbé, orchestrées par la mystérieuse Mona, Femme et Déesse. Sur les cascades de stupre flottent des morceaux de poésie souvent réussis. Mona est le centre, l'origine et la fin du monde. Mona est à la fois l'imagination maîtresse qui débride, bride et emporte le poète dans une chevauchée fantastique au travers de l'anormalité, et l'aimée, l'idéale que rêve d'atteindre puis de conquérir le narrateur. Mona est tout ensemble la poésie et celle qui l'inspire. Elle est dans le poète, et aussi autour et hors du poète. Mona est l'espoir du poète, le vase sacré à quoi il veut boire à la lie. Mona est le désespoir du poète, le poème absolu qui se dérobe, qui échappe sans cesse à son créateur, qui ne désire pourtant qu'une chose : devenir la créature de sa créature. Cette longue ode au sexe peut aujourd'hui paraître un peu jaunie par les années. Certains passages en sont d'une outrance

Bouillon de culture
quelque peu démodée. Ce qui se voulut choquant, souvent, ne l'est plus. Mais *Le Château de Cène* reste un beau délire.[34]

*

Couronné par le premier prix de Flore en 1994[35], le roman de Vincent Ravalec, *Cantique de la racaille* (1994)[36] offre une scène se déroulant dans le milieu du cinéma pornographique : « Je bandais comme un Turc et sa langue s'enroulait autour de ma bite, venait laper le bout et redescendait jusqu'à la base des couilles, gros plan disait la voix, gros plan. Annick, tu vas

---

[34] http://www.amazon.fr/château-Cène-Bernard-Noël/dp/2070728463/ref=sr_1_2?s=books&ie=UTF8&qid= 1290357445&sr=1-2
[35] Houellebecq le recevra quatre années plus tard.
[36] Vincent Ravalec, *Cantique de la racaille*, Paris, Flammarion, 1994.

t'approcher et regarder les fesses de Karine d'un air gourmand. Marie-Pierre pour le moment tu restes assise et tu attends[37] ». Jacques de Schrijver décrit l'ouvrage comme un chef-d'œuvre d'humour puissant et énergétique :

> Le Cantique de la racaille est probablement le chef-d'œuvre de Ravalec. Il se dégage une énergie incroyable et revigorante de la naïveté hyperactive de ses personnages. Libres de toute culture, ils se révèlent tels qu'en eux-mêmes un Dieu ivre les créa, mal finis et sans attaches, chargés de modifier le monde à leur image et selon leurs désirs. Il en résulte un happening permanent qui rappelle à la fois Rabelais pour l'excès et Daniel Keyes (Des fleurs pour Algernon, J'ai Lu 428) pour l'intelligence ringarde teintée d'un éblouissant bon sens. Mieux qu'un policier, supérieur à un doctorat de psychologie par la finesse de ses analyses, ce chef-d'œuvre atypique comblera ceux qui le dé-

---

[37] *Ibidem*, p. 372.

Bouillon de culture
couvriront et réjouira peut-être davantage ceux qui comme moi le reliront.[38]

Il semblerait que Flammarion ait eu en 1994 plusieurs fers au feu. Ravalec n'hésite pas plus que Houellebecq dans la description en détail des scènes charnelles :

> En me couchant j'ai dit à Marie-Pierre qu'est-ce que t'en penses toi, moi aussi un soixante-neuf me tenterait bien, tu l'as déjà fait ? Elle a répondu oui, ça m'est déjà arrivé et à la fois je me suis demandé avec qui et en même temps j'étais excité, je suis descendu sous les draps et j'ai commencé à la lécher, en écartant les poils et en insinuant ma langue tout le long de sa fente et aussi en tournant autour du point sensible et pendant que je pivotais pour arriver à la hauteur de

---

[38] http://www.amazon.fr/Cantique-racaille-Vincent-Ravalec/dp/2290352365/ref=sr_1_2?s=books&ie=UTF8& qid=1290358616&sr=1-2.

son visage elle a fait attends, je vais mettre un oreiller, je serais plus à mon aise et elle m'a sucé, d'abord timidement puis de mieux en mieux, c'était génial et on s'est donnés à fond et à un moment j'ai eu l'image d'elle en train de sucer un autre mec, j'ai joui et je crois qu'elle aussi. (p. 205)

*

Considéré comme un brûlot écrit d'une plume acerbe et virtuose, interdit pendant presque plus de vingt ans, *Septentrion* (1963)[39] de Louis Calaferte est officiellement censuré dès parution par le ministère de l'Intérieur pour pornographie, officieusement, pour son contenu anarchisant et libertaire (l'auteur prône la liberté sexuelle, la liberté de penser, la liberté de

---

[39] Louis Calaferte, *Septentrion* (1963), Paris, Denoël, 1984.

refuser). Le livre – non exempt de scatologie – ne sera republié qu'en 1984.

> C'est aux cabinets que j'ai lu le plus abondamment pendant toute une époque qui s'étend à peu près sur dix ans. Je m'y rendais environ sept ou huit fois par jour avec le plus de naturel possible, prétextant un dérangement chronique et suscitant de la part de mes compagnons de travail les plaisanteries que l'on devine. C'était ma manière à moi de m'offrir gratis à la barbe des autorités quelques joyeux moments d'indépendance royale. Le verrou tiré, j'étais sûr qu'on ne viendrait pas me déloger avant la demi-heure suivante. Quelquefois même je ne me donnais pas la peine de faire le simulacre du déculottage, bien que pour une raison inconnue je me sois toujours senti plus à l'aise, dans la posture adéquate, le pantalon en boule sur les chaussures, les fesses nues, le sexe vacant entre les cuisses, le ventre libre, dégagé jusqu'au nombril [...]. Idée en apparence saugrenue, mais pleine d'humour, si l'on se met à l'approfondir, et qui effleure par le biais de la métaphysique débonnaire. Pères et grands-pères avec leurs moustaches cirées, leurs melons noirs, leurs supports-

chaussettes et leurs faux cols à ressort avaient donc fait halte en ces lieux avant d'aller échouer dans la tombe sous les fleurs du dimanche. Étonnantes variétés de diarrhées, suites de selles compactes ou sinueuses, douloureuses, plaisantes, angoissées, sans que le cœur y soit, évacuées à la sauvette, les soucis journaliers nouant le boyau en plein travail ; ou lâchées sans précipitation, selon les règles de la nature, avec le temps de souffler ou même de griller une cigarette. Quoi qu'il en soit, enjouée ou morose, toute cette matière chaude et fumante avait dégouliné par le trou noir sur la calvitie du monde engorgé qui ne comprenait pas ce qui lui arrivait et ne pouvait néanmoins se soustraire à la position incommode où il était allé se fourrer par mégarde.[40]

Bien que plusieurs scènes de violence aient lieu dans les romans houellebecquiens – viol, cannibalisme, pédophilie, meurtre, sadomasochisme – sur lesquelles nous reviendrons, il est à noter que les scènes de

---

[40] Louis Calaferte, *Septentrion*, Paris, Gallimard, coll. Folio, 1990, pp. 22-23.

Bouillon de culture

scatologie en tant que plaisir érotique sont absentes de la prose.

Par ailleurs, à côté des scènes de scatologie, Calaferte ne dédaigne nullement celles de fellation :

> Il y avait là, chaque dimanche, un Arménien dont j'ai oublié le nom, athlète à tête de taureau qui s'était envoyé, peu ou prou, la collection entière des habituées. Assis, dédaigneux, chatouillant distraitement le morceau qui se trouvait être avec lui, il ne manquait jamais de vous adresser un clin d'œil amical par-dessus la tête basculée de la fille qui mettait toute son ardeur à lui sucer la poire. Divertissement en marge, comme vous diriez un doigt de cognac après le repas, tendant à vérifier notre maîtrise en cours d'exercice.[41]

En 1994, le reportage *Un îlot de résistance*

---

[41] *Ibidem*, pp. 299-300.

sur Calaferte est interdit d'antenne[42], selon toute probabilité à cause de propos comme ceux-ci : « On voudrait nous faire croire que nous sommes dans une époque de communication ! On n'a jamais moins communiqué qu'aujourd'hui ! Savez-vous quels sont les écrivains importants grecs, norvégiens, albanais ? Vous ne le savez pas, vous ne le saurez que par accident[43] ».

Cela n'empêche nullement Calaferte d'être très poétique à ses heures, tel cet extrait repris en quatrième de couverture de l'édition *Folio* :

---

[42] *Calaferte, un îlot de résistance*, 1994, un film de Jean-Pierre Pauty.
[43] Cf. aussi : http://www.ina.fr/art-et-culture/litterature/video/DXC8708193252/louis-calaferte.fr.html ; *L'Aventure intérieure*, livre d'entretiens, Éd. Julliard, 1994.

> *Bouillon de culture*
> [...] Elle ouvre la porte. Éteint la lumière derrière elle. Elle reste sans bouger, dans l'encadrement, présentée, offerte... les cheveux noirs coulants, déployés autour de sa tête, sur les épaules découvertes dans la robe à grands ramages qui glisse le long de son corps, pelure de tissu soyeux presque de la couleur de sa peau bronze. Elle est belle... Elle attend. C'est un tel abandon, une telle offrande de sa présence que cela me trouble, me semble étrange, insensé, fascinant et pur comme la première approche du couple au seuil des noces. Je la porte, je l'encercle dans mon regard... A la vue de cette femme, quelque chose de moi se déchire...[44]

De quoi amadouer le lecteur craintif, on en conviendra. Quelle divergence de ton et de teinte dans ces différents extraits.

Un internaute commente à propos de *Septentrion* : « Un livre d'une modernité d'écriture à faire pâlir les écrivains "transgressifs" contemporains. Mais parce qu'il

---

[44] Louis Calaferte, *Septentrion* (1963), Paris, Gallimard, coll. Folio, 1990, 4ème de couverture.

parle de sexe, de Dieu et de littérature avec une vérité (c'est une autobiographie) jamais atteinte, il est avant tout une grande leçon de vie. La quête de Calaferte est bouleversante et ne fait pas seulement passer un agréable moment : il s'agit de l'un de ces livres qui peuvent changer nos destinées[45] ». Et Catheline écrit :

> Fort ! Jamais je n'ai lu un livre si puissant dans sa rage, dans sa colère. C'est cru, violent, on sent l'auteur vous parler directement, vous crier sa fureur, son désir, sa frustration. J'ai été étonnée de le voir au rayon "érotique". Le livre est très sexe, oui, mais c'est du sexe bestial, peu de romantisme ici, on est très loin de la littérature sensuelle à deux sous, et le seul aspect fleur bleue l'est dans certaines phrases un peu baroques qui

---

[45] http://www.amazon.fr/Septentrion-Louis-Cala-
ferte/dp/2070382273/ref=sr_1_1?ie=UTF8&s=bo
oks& qid=1290361291&sr=1-1.

Bouillon de culture

contrebalancent une dureté peu banale. Ici, les affres de l'écriture sont opposées à la faim du sexe. ;-) Alors, mais ça parle de quoi ? Lisez-le, ça vaut la peine. ;-).[46]

Selon Dauce, enfin, ce livre est trop lourd :

> Je n'ai pas pu aller plus loin que trois cents pages, du cul en veux-tu en voila, à toutes les sauces, sous toutes les formes, sous tous les noms à en vous en saouler ! Un bon psy c'est peut-être ce qui aurait fallu à ce monsieur, mais il a préféré écrire ; le seul moment intéressant, c'est quand il se retrouve à la rue sans le sou, au moins il arrête d'en parler pendant quelques pages, reposant ! Quelle a été la vie de cette personne ? A-t-il entendu parler de la nature, des animaux, de ce qui rend l'homme humain, des sentiments profonds, du partage, du respect de l'autre, a-t-il déjà tourné son regard vers les autres ? Triste à pleurer. À éviter.[47]

Mais la tendance générale reste plutôt du

---

[46] *Ibidem.*
[47] *Ibidem.*

côté de l'admiration comme l'indique un autre lecteur de la librairie en ligne : « J'ai lu dans ma (courte) vie quelque 800 romans, mais jamais je dis bien jamais un livre ne m'a et ne m'aura autant marqué. Il faut absolument lire ce bijou, ou alors non !! Ne le lisez pas !! Car après tous les autres livres vous paraîtront bien bien fades. Mille merci louis tu m'as bouleversé à jamais[48] ». Et pour Pierre Assouline : « Louis Calaferte, c'était quelqu'un[49] ».

*

Deux ans avant la sortie des *Particules*

---

[48] *Ibidem.*
[49] http://passouline.blog.lemonde.fr/2005/02/03/2005_02_calaferte_en_se/.

Bouillon de culture élémentaires, *Jubilations vers le ciel* (1996)[50] de Yann Moix relate l'amour indéfectible d'Hector pour la belle Hélène rencontrée à l'âge de douze ans. Proust en couleurs ! La dulcinée,

> extirpant le cône lumineux de la moite chaleur du slip, elle résiste rarement à la tentation d'en éplucher la corolle d'ivoire, caressant d'abord de la main les veinules gonflées d'un rouge brillant très pur. [...] Ma liane offre des rameaux rougeâtres, aux folioles vernissées, râle, les dents d'Hélène râpent l'écorce de la bouture. Soupirs, brûlante sous le sépale écarlate, une sève floribonde, d'un miel cuivré clair, avivé par un écrin argenté de salive, se jette en cascade dans l'estuaire buccal. Je m'éteins dans l'overdose. (pp. 119-120).

Pour un commentateur sur la toile, le livre est tout simplement fabuleux : « Quand on

---

[50] Yann Moix, *Jubilations vers le ciel*, Paris, Grasset, 1996.

lit *"jubilations vers le ciel"* on est tout d'abord un peu décontenancé par le style de l'écrivain puis l'émerveillement vient petit à petit grâce à ce style à la fois si courant et si recherché. On retrouve parfois quelques passages peu utiles et assez "crus", mais le jeu en vaut la chandelle. C'est un véritable tourbillon de sentiments que Yann Moix nous envoie. L'on sort de ce livre comme d'un rêve : tout simplement groggy[51] ». Pour un autre, *Jubilations vers le ciel* est digne d'être relu : « Merci Yann Moix. Pour moi qui ne suis pas un mangeur de livre, ce roman a été une révélation puisqu'il m'a donné envie de lire.

---

[51] http://www.amazon.fr/Jubilations-vers-ciel-Yann-Moix/dp/2246516714/ref=sr_1_12?s=books&ie=UTF8&qid=1291109654&sr=1-12

Bouillon de culture

J'adore tout simplement le style. J'ai attendu longtemps le point de vue d'Helene dans le roman, quelle délivrance alors ! Il faut que je le relise ![52] » Pour un autre commentateur, l'auteur est le plus grand écrivain contemporain :

> Décidément "le meilleur écrivain français vivant". Que les déçus de la littérature française contemporaine se jettent sur ce livre qui est une pure œuvre d'art. Moix est un véritable génie, virtuose des mots, qui allie poésie et pornographie, enfance et mort, qui sait toucher et frapper, caresser et remuer le lecteur au creux des pages. Ce bouquin a le goût de la nostalgie, des aubes bleues, des étreintes passionnées, des chagrins inguérissables, de la pourriture, de la peur, des boules dans la gorge et des cœurs qui battent, des chansons de Polnareff... Tout ça à la fois dans un jaillissement nerveux et doux à la fois, cru et tellement sincère.[53]

---

[52] *Ibidem.*
[53] *Ibidem.*

Comme décrit plus haut, les femmes sont les héroïnes de Jauffret. En revanche, celles-ci, sur la scène littéraire, en remontrent aux hommes, selon Authier : « On relève du côté des hommes très peu de confessions et de journaux intimes consacrés à leur vie amoureuse ou sexuelle à la manière d'Annie Ernaux ou de Christine Angot » (p. 228).

Avec *Passion simple* (1991)[54], Annie Ernaux, écrivain reconnue, aborde le sexe de façon crue, érotico-pornographique, dans un récit manifestement autobiographique. Le succès dépasse de loin celui de

---

[54] Annie Ernaux, *Passion simple* (1991), Paris, Gallimard, coll. Folio, 2002.

Bouillon de culture

ses précédents romans. *Passion simple* est l'introspection d'une passion charnelle décrite de façon très simple. La première phrase donne le ton : « A partir du mois de septembre l'année dernière, je n'ai plus rien fait d'autre qu'attendre un homme : qu'il me téléphone et qu'il vienne chez moi » (p. 13). Douleur d'aimer marquant ses chairs à jamais, la narratrice se laisse aller à un abandon total de soi où plus rien ne compte que la venue de l'autre. Annie Ernaux écrit sa biographie en petites tranches de romans séparés, celui dont on parle tout juste soixante-dix-sept pages. Dans *Une Femme* (1989)[55], elle racontait l'histoire de sa mère, une femme forte et

---

[55] Annie Ernaux, *Une femme*, Paris, Gallimard, 1989.

dure – décrite en bonne santé dans *La Honte* (1997)[56] –, terrassée par la maladie d'Alzheimer, condamnée à redevenir « une petite fille qui ne grandirait pas ». *Passion simple* évolue dans un registre affectif totalement différent des précédents romans.

Passion simple raconte la passion de la narratrice pour un homme marié, diplomate russe souvent en voyage. L'attente y est décrite avec force détails. Attente de l'autre dont l'absence insupportable est supportée grâce à l'attente, entre chaque rendez-vous. Une histoire vraie se déroulant au fil des pages où l'auteur décrit un regard, une intonation qui la font souffrir en souvenir, car ils ne sont plus présents.

---

[56] Annie Ernaux, *La Honte*, Paris, Gallimard, 1997.

Bouillon de culture

Que ne ferait-elle pas pour raviver la mémoire de ce regard-là justement ou bien ressentir à nouveau sous la paume la courbe du corps désiré ? L'attente est terrible. La sonnerie du téléphone la fait sursauter. Ce coup de fil peut être celui de l'amant annonçant sa venue. Attente douloureuse sous la tension de l'indécision. Viendra. Viendra pas. Viendra plus. Revient lorsqu'elle ne l'attend plus. Un récit, non sur le mode romanesque, mais en contrepoint du constat de l'absence : son absence contre l'attente. L'attente et l'absence renouvelées entre chaque rencontre : « Durant cette période, je n'ai pas écouté une seule fois de la musique classique, je préférais les chansons. Les plus sentimentales, auxquelles je ne prêtais aucune attention avant, me bouleversaient. Elles disaient sans détour ni distance l'absolu de la passion et aussi son universalité. En entendant Sylvie Vartan chanter alors "c'est fatal, animal", j'étais sûre de ne pas être la seule à éprouver cela. Les chansons accompagnaient légitimement ce que j'étais en train de vivre » (p. 27). Pas de passion romantique avec des rêveries diurnes, mais attentes des visites de l'autre, des jeux érotiques partagés, calculés, prémédités. Les préparatifs permanents pour le serrer dans ses bras une heure, rien qu'une heure. S'habiller toujours différemment. Spécialement pour lui, se mettre à la recherche de lingerie affriolante alors que le corps de l'autre – serré pendant cette petite heure – est la certitude du mal-

Bouillon de culture

heur à travers toutes les heures, tous les jours où l'absence – son absence – trônera comme aiguisée par le manque d'une drogue plus puissante que la volonté d'en finir, mais reste dans la disponibilité totale pour A., tout le reste passant au second plan. Les goûts individuels, le travail, les enfants, l'amitié. Plus rien ne compte que lui et ce manque intronisé par les pas feutrés disparaissant dans l'escalier. De lui, le lecteur ne saura rien, ou si peu. Tout se joue dans l'esprit de la narratrice qui a perdu la tête avec les techniques de l'amour physique et les lingeries dont elle s'affuble pour lui plaire. Le livre fait scandale, mais un scandale mitigé. Certains acclament le courage de l'auteur, d'autres le réfutent. Comme l'écrit un critique, il s'agit d'un livre « assez spécial ». La critique anglo-saxonne – habituellement très favorable aux livres précédents de l'auteur – exprime des réserves sur celui-ci. La raison du succès amenuisé par rapport aux titres précédents serait-elle à imputer au manque de recul ? Toutefois, quel qu'en soit le degré de succès véritable, le livre fait sensation par le style :

> In her inimitable spare prose, Ernaux (*A Man's Place*, 1992, etc.) – like a medieval anatomist bent on finding the soul – dissects a love affair to discover the point of passion. Divorced, with two grown-up sons, the nameless narrator – who, like Ernaux, is also writing her story – describes her year of passion, with the intention of translating into words "the way in which his existence has affected my life". Her lover, also nameless, is a middle-aged businessman, married and posted temporarily to Paris from East Europe: "From September last year," she

Bouillon de culture

writes, "I did nothing else but wait for a man : for him to call me and come round to my place. I behaved in an artificial manner. The only actions involving willpower were all related to this man." She then goes on to detail her passion for this lover, who, resembling film star Alain Delon, took over her life. She reads newspaper articles about his country, chooses clothes that will please him, buys "fruit and various delicacies" for their evenings together. And, like others similarly in thrall, she admits to having "no future other than the telephone call fixing our next appointment." Meanwhile, she continues to list the signs of passion as if that will help her grasp its reality. As the summer nears, she reluctantly takes a holiday in Florence, where in museums she sees only statues of naked men and works representing love. The affair ends when her lover is recalled to his own country, and the narrator details her responses – including avoidance of TV or magazines for "they all show the same thing: a woman waiting for a man." Finally, an unexpected visit gives passion its true meaning – which "is precisely to be meaningless," to teach us the luxury of "being able to live out a passion for a man or a woman." A stunning story, despite its detachment and the careful exclusions of any excess, that pulsates with the very passion

Ernaux so truthfully describes. Small, but abundantly wise.[57]

La critique anglo-saxonne a encensé le roman en dépit de son sujet surprenant pour une féministe. Ce moment de sa vie, Ernaux l'a confié au papier et à ses lecteurs, toute honte bue, comme un autre. Les féministes ont été surprises et ont regimbé de voir une de leurs figures de proue ainsi figée dans l'expectation d'un mâle, ayant abandonné toute velléité d'indépendance, mais ont pardonné à leur idole puisque l'affaire connaît une fin où la narratrice se retrouve.

« A work of lyrical precision and di-

---

[57] Kirkus reviews. URL http://www.kirkusreviews.com/book-reviews/fiction/annie-ernaux/simple-passion/ consulté le 21-09-2009.

Bouillon de culture

amond-hard clarity.... A remembrance of desire past." Memoirist Annie Ernaux has written eloquently about loss. Now she writes of another kind of loss, the loss of herself in a love and then the loss of the love itself. In spare, beautiful language, she writes of the end of an affair, the coming to terms with its close and with the person she has become because of it[58] ».

Par ailleurs, contrairement à Houellebecq, Ernaux prétend ne pas vouloir faire de la littérature. Pas comme Rimbaud ou Baudelaire. Non, pour Ernaux, la littérature est témoignage : « J'ai fini de mettre en mots ce qui m'apparaît comme une expérience humaine totale, de la vie et de

---

[58] Daphne Merkin, « Books », *The New Yorker*, 27 décembre, 1993, p. 154.

la mort, du temps, de la morale et de l'interdit, de la loi, une expérience vécue d'un bout à l'autre au travers du corps. [...] Et le véritable but de ma vie est peut-être celui-ci : que mon corps, mes sensations et mes pensées deviennent de l'écriture, c'est-à-dire quelque chose d'intelligible et de général, mon existence complètement dissoute dans la tête et la vie des autres[59] ». Roman après roman, Ernaux ausculte des moments plus ou moins brefs de son existence, des tranches de vie. Elle les raconte, sa vie devient écrit, elle se l'approprie de cette façon. En exergue de *L'Événement* (2000), se lit cette phrase de Michel Leiris : « Mon double

---

[59] Annie Ernaux, *L'Événement*, Paris, Gallimard, 2000, p. 112.

Bouillon de culture

vœu : que l'événement devienne écrit. Et que l'écrit soit événement ». Dans ce roman, le lecteur peut s'interroger sur cette littérature – ou devrait-on dire « écriture » – du témoignage. Style sans fioriture, le plus « sec » possible pour consigner les petits riens, mais aussi les grands moments d'un vécu vrai.

Au début des années 60, Annie Ernaux, jeune étudiante de vingt-trois ans en maîtrise de Lettres à Rouen, cherche à se faire avorter. La narratrice sort en 1999 d'un laboratoire d'analyses pour dépistage du sida et elle se souvient de l'événement survenu trente années auparavant : un avortement clandestin. En effet, au début des années 60, ni la pilule ni la loi Veil ne protègent les femmes d'une grossesse indésirable. La narratrice relate dans le menu, avec une précision chirurgicale, les détails du parcours, depuis l'annonce de cette grossesse accidentelle et importune jusqu'à la délivrance, la « libération ». La jeune femme, d'un milieu modeste, s'engage dans la recherche désespérée d'une « faiseuse d'anges ». Les souvenirs peuvent sembler lointains, ils n'en sont pas moins indélébiles. En 1964, l'avortement est un acte interdit, répréhensible, passible d'une peine de prison sérieuse et sans sursis. Simultanément égarée et démunie, la jeune femme, décidée à ne pas garder cet enfant, s'interroge sur la manière de se débarrasser d'un fardeau trop lourd à porter. Seule, elle doit trouver le moyen de remédier à cet accident et pendant deux longs mois, elle

Bouillon de culture

cache sa grossesse à ses proches et ses parents. Elle espère un miracle, une fausse couche spontanée. Aiguilles à tricoter, pentes de ski vertigineuses, tout lui est bon. Enfin rue Cardinet à Paris, une infirmière plonge clandestinement la sonde qui, de retour dans sa chambre d'étudiante, provoquera la « scène de sacrifice » (p. 91) où elle se retrouve « assise sur le lit, avec le fœtus entre les jambes » (*ibidem*). Parcours douloureux, difficile et délicat pour cette jeune femme des années 60 ne désirant pas devenir mère avant la fin de ses études et, surtout, le mariage.

L'Événement comporte des phrases violentes : « J'étais rattrapée par le cul et ce qui poussait en moi c'était, d'une certaine manière, l'échec social » (p. 30) déclare Ernaux faisant le lien entre son origine et sa situation. Personne n'est vraiment à l'écoute de l'autre, ni le médecin après son hémorragie ni peut-être elle-même qui, obsédée, voit en sa grossesse, devenue chaque jour plus insupportable, une parenthèse effaçant tout le reste : « Le temps a cessé d'être une suite insensible de jours, à remplir de cours et d'exposés, de stations dans les cafés et à la bibliothèque, menant aux examens et aux vacances d'été, à l'avenir. Il est devenu une chose informe qui avançait à l'intérieur de moi et qu'il fallait détruire à tout prix » (p. 28). *Passion simple* et *L'Événement*, bien que relatant des parcelles de vie – et de mort – très dissemblables (une passion physique et un avortement), n'en décrivent pas

Bouillon de culture

moins de la même façon précise et menue, les pensées et raisonnements déraisonnables d'une narratrice dans un langage direct, enchaînant les mots rudes aux sonorités crues.

Ces quelques réflexions, que nous pourrions prolonger avec d'autres, mais que nous estimons suffisantes pour notre propos, laissent voir le climat de la polémique autour de la littérature exhibitionniste du sexe et de ses avatars, qu'il soit nommé passion ou événement. En cela Houellebecq, bien que traitant de sujets différents, est donc bien loin d'être un précurseur, plutôt à tout prendre, un rénovateur innovant dans ses trouvailles. D'autre part, Houellebecq ne prétend jamais relater des épisodes personnels et il met l'accent sur la fiction, même si parfois la différence entre l'auteur et ses personnages est malaisée à définir.

Tout comme pour Angot, abordée plus loin, la manière dont Ernaux considère l'acte d'écrire fait que le lecteur pense parfois s'éloigner de la littérature et pose inéluctablement la question du rapport entre réalité et fiction, deux concepts encore mal définis. Ernaux tranche simplement : tout est le choix de l'auteur. Écrire ou ne pas écrire : that's the question. « Il se peut qu'un tel récit provoque de l'irritation, ou de la répulsion, soit taxé de mauvais goût. D'avoir vécu une chose, quelle qu'elle soit, donne le droit imprescriptible de l'écrire. Il n'y a pas de vérité inférieure. » (p. 53).

Bouillon de culture
Selon Claarabel, *L'Événement* reste pour le lecteur :

> Ce moment ineffaçable et pénible, très poignant. Il mêle la pudeur, la brutalité, la souffrance, la honte. L'auteur raconte sans ambages : les faiseuses d'anges, l'hémorragie, la solitude, l'impasse, le désarroi d'avoir 20 ans, pas d'argent, aucune oreille attentive autour. Le jugement des médecins, des pharmaciens, les phrases anodines qui claquent comme un fouet dans le vent. L'appartement triste, sale, lugubre de cette sage-femme. Et la scène de "l'expulsion de la grenade", page 90, particulièrement frappante et indélébile pour la mémoire, le souvenir. Voici un texte qui a semblé nécessaire à son auteur pour mettre en mots "un événement" qu'elle dit "inoubliable" – ce livre est rédigé sans pathos, jamais morbide, mais avec justesse et sans cruauté. Un regard net, qui ne juge pas et ne s'épanche jamais.[60]

---

[60] URL : http://clubdesrats.forumr.net/auteurs-e-f7/annie-ernaux-france-t675.htm.

Et Ernaux, d'annoncer en quatrième de couverture : « Depuis des années, je tourne autour de cet événement de ma vie. Lire dans un roman le récit d'un avortement me plonge dans un saisissement sans images ni pensées, comme si les mots se changeaient instantanément en sensation violente. De la même façon, entendre par hasard *La javanaise*, *J'ai la mémoire qui flanche*, n'importe quelle chanson qui m'a accompagnée durant cette période, me bouleverse ». Le lecteur comprend la nécessité pour Annie Ernaux d'écrire ces moments.

*

Autre auteur couchant sa vie privée en

Bouillon de culture

texte, Christine Angot affirme : « Impossible d'écrire quand on n'est pas soi-même[61] ». Angot semble toujours exprimer cette assertion dans ses romans où elle parle d'elle principalement. *L'Inceste* (1999) cause un scandale à sa parution. Fort est de reconnaître que l'éditeur présente le sujet rondement : « Passion homosexuelle, folie, inceste, tels sont les trois temps forts de ce livre. Ni roman, ni témoignage, ni confession, ce texte est le projet d'un auteur qui refuse toute idée de bienséance ou de pudeur. Christine Angot construit une prose faite de phrases brèves et de reprises obsédantes pour se dire avec rigueur dans les zones du vécu où l'identité à la fois vacille et se consti-

---

[61] Christine Angot, *L'Inceste*, Paris, Stock, 1999.

tue[62] ».

Depuis, il y a les thuriféraires et les détracteurs d'Angot, avec des avis divergents du tout au tout chez les lecteurs. Corinne Marciniak avoue un sentiment mitigé et reconnaît ne pas y avoir compris grand-chose. Toutefois, une relecture, bien qu'avouée nécessaire, semble au-dessus de ses forces : « L'auteur ne laisse aucune place au lecteur, il est difficile de s'y faire une place, de s'attacher aux personnages autres que le personnage principal. L'écriture est brute, spontanée, hésitante... elle est un signe de ses angoisses, de son mal-être. Ses idées, ses obsessions vont dans tous les sens. C'est tout simplement le livre le plus difficile que j'ai lu. Pour

---

[62] *Ibidem*, 4ème de couverture.

Bouillon de culture

une meilleure compréhension, il faudrait peut-être que je le relise, mais je n'en ai pas envie[63] ». C'est franc, c'est clair, c'est net. On imagine facilement le lecteur faisant tout son possible pour tout de même ne pas complètement détruire l'image du livre ; essayer de trouver quelque chose de positif à dire sur ce roman qu'il a pris la peine de lire en vain jusqu'au bout. En revanche, une autre Corinne voudrait tellement être Angot pour pouvoir écrire aussi bien qu'elle !

> [...] je voudrais avoir les mots pour dire ce que j'ai ressenti à la lecture de cette incroyable logorrhée... je voudrais avoir ses mots à elle, des mots qui pourraient frapper

---

[63] URL : http://www.amazon.fr/producteriews/225 3151165/ref=dp_db_cm_cr
_acr_txt?ie=UTF8&showViewpoints=1

dans le ventre, remonter dans la gorge et jaillir comme des fontaines. Mais je ne suis pas une auteure, je ne sais pas écrire, enfin si, mais pas comme elle. Ce livre a plusieurs niveaux de lecture : d'abord, on ne s'y retrouve pas. On veut comprendre, mais ça nous échappe. Il ne faut pas s'attacher aux mots, enfin, aux maux plutôt. Regardez les autres niveaux de lecture : quand ça devient tellement clair qu'on voudrait hurler comme elle... Oh, Christine, je voudrais écrire ... comme vous....[64]

Cependant, là aussi l'aveu d'y avoir compris goutte, même si on a apprécié ! On pourrait aligner les critiques où le lecteur avoue avoir cherché le sens sans l'avoir découvert :

Dans *L'Inceste*, on est un peu perdu. Récit obsessionnel, mais où l'auteur veut-elle en venir avec cette aventure homosexuelle ? Et cet engrenage dans la folie, et ces répétitions

---

[64] *Ibidem*.

Bouillon de culture

incessantes, et ce titre ? C'est dans ce livre-ci que l'inceste est le moins présent en regard des autres œuvres de Christine Angot. Bien sûr, il y est, cruel, voilé, dévoilé, cru, obscène. Pourtant, on avait bien compris dans tous les romans précédents, mais l'obsédant ici, l'obscène, c'est la folie. Si bien traduite, si bien écrite, difficile à suivre. Dérangeant, à laisser reposer...[65]

Quant à Angot, elle reprend dans *L'Inceste* les louanges que Claude lui allouait parlant de son écriture : « Ton écriture est tellement incroyable, intelligente, confuse, mais toujours lumineuse, accessible, directe, physique. On n'y comprend rien et on comprend tout. Elle est intime personnelle, impudique, autobiographique, et universelle. Tu émeus sans les trucs, sans être émotive, tu fais réfléchir avec trois bouts de ficelle, un miracle de désorgani-

---

[65] *Ibidem.*

sation logique » (p. 50). De tels compliments font certainement plaisir et on les répèterait à moins. Par ailleurs, il n'y a pas que dans son livre que les compliments pleuvent. Gérard Meudal (*Le Monde*) écrit :

> L'auteur de *Sujet Angot* pousse ici l'entreprise jusqu'à ses limites : "être juste sur ma limite, m'appuyer dessus comme à la rampe qui monte chez l'avocat". Si le livre a provoqué un certain scandale, c'est moins à cause de l'évocation d'une relation incestueuse avec son père ou d'une brève relation homosexuelle qu'à cause de cette rage impudique avec laquelle Christine Angot refuse les artifices littéraires qui lui permettraient de se donner le beau rôle. Si je dis "merde à ceux qui le liront" c'est parce que j'aurais aimé avoir autre chose à raconter. Que ça. Ecrire n'est pas choisir son récit. Mais plutôt le prendre, dans ses bras, et le mettre tranquillement sur la page, le plus tranquillement possible, le plus tel que possible. Tel qu'il se retourne encore dans sa

Bouillon de culture

tombe, si sa tombe c'est mon corps. S'il se retourne encore, c'est que je ne suis pas morte. Je suis folle, mais pas morte. Je ne suis pas non plus complètement folle. L'autofiction portée jusqu'à l'extrême n'a pas ici pour but de choquer, mais bien de rendre à la littérature sa fonction dangereuse et sa dignité.[66]

*

Deux écrivains reconnus, Angot et Ernaux ont accédé au succès après avoir écrit sur des moments forts – pour ne pas dire pénibles – de leur vie avec un vocabulaire cru lorsqu'il concerne le sexe. L'auteur Catherine Millet n'échappe pas à cette règle. Directrice de la rédaction d'Art Press, elle a été commissaire d'expositions

---

[66] Cité sur la page Amazon, URL : http://www.amazon.fr/product-reviews/2253151165/ref=dp_db_cm_cr_acr_txt?ie=UTF8&showViewpoints=1.

à plusieurs biennales internationales dont celles de Sao Paulo en 1989 et celle de Venise en 1995, nous rappelle l'éditeur de *La Vie sexuelle de Catherine M.* (2001)[67]. Information reprise sur la quatrième de couverture :

> Bien connue dans les milieux de l'art, auteur d'essais sur l'art contemporain et monographies consacrées aux artistes d'aujourd'hui, Catherine Millet entreprend de raconter sa vie sexuelle. Avec une crudité et une clarté dont on reste confondu. Le récit ne suit aucune chronologie, la relation des événements (non datés) et la description des scènes sexuelles étant distribuées selon quatre chapitres : "le nombre", "l'espace", "l'espace replié" et "détails". *La Vie sexuelle de Catherine M.* constitue, à coup sûr, l'un des livres les plus audacieux et les plus stupéfiants que la tradition érotique ait donnés à la littérature française. Catherine

---

[67] Catherine Millet, *La Vie sexuelle de Catherine M.*, Paris, Seuil, 2001.

Bouillon de culture
Millet est directrice de la rédaction d'*Art Press*. Son dernier livre, L'Art contemporain a été publié en 1997. Elle a été commissaire de la section française de la Biennale de Sâo Paulo, en 1989 et commissaire du pavillon français à la Biennale de Venise, en 1995.[68]

Toutefois, pour Céline Darner, lectrice assidue qui publie ses coups de cœur, humeurs et conseils littéraires sur la toile, la tradition érotique annoncée s'avère totalement absente de l'ouvrage : « La quatrième de couverture parle de tradition érotique et de littérature française. Soit. *La Vie sexuelle de Catherine M.* n'est pourtant pas un texte érotique, mais plutôt pornographique. Il a encore moins partie liée avec la littérature. Mais l'œuvre signée par la directrice d'Art Press a cependant un

---

[68] *Ibidem*, 4ème de couverture.

avantage : les vingt premières pages sont égales aux deux cents qui suivent. Le lecteur pourra toujours consommer sur le pouce. Il n'y perdra rien[69] ». Critique sévère ? Peut-être. Il n'empêche, le livre se vend comme des petits pains.

Que l'on ne s'y trompe pas. Malgré son début fade de comptable : « J'étais très religieuse et il n'est pas impossible que la confusion dans laquelle je percevais l'identité de Dieu et de son fils ait favorisé mon inclination pour les activités de comptage » (p. 10), très vite le roman s'échauffe :

---

[69] http://www.amazon.ca/Vie-sexuelle-Catherine-M/dp/2020551306.

> *Bouillon de culture*
> C'était en juin ou juillet, il faisait chaud et quelqu'un a lancé que nous devrions tous nous déshabiller et plonger ensemble dans le grand bassin. J'ai entendu la voix d'André, s'exclamant que sa copine ne serait pas la dernière à s'y mettre, un peu étouffée parce qu'en effet j'avais déjà le t-shirt par-dessus la tête. J'ai oublié à partir de quelle date et pour quelle raison j'avais cessé de porter des sous-vêtements (alors que ma mère m'avait fait porter, dès l'âge de treize ou quatorze ans, soutien-gorge à armature et gaine-culotte sous prétexte qu'une femme "devait être tenue"). Toujours est-il que je me suis retrouvée presque immédiatement nue. (p. 12)

Les scènes se succèdent passant de l'art musical : « C'est autre chose que d'échafauder tout au long de l'acte sexuel un véritable récit, à deux voix, et en contrepoint de l'échange corporel » (p. 41) ou bien

> L'autre cas prouve que l'impression sensuelle la plus vive peut se frayer un chemin par le moins sensible de nos accès. Alors que je n'ai aucune oreille, que je ne vais à l'Opéra que pour des raisons extérieures à l'art musical, c'est par sa voix que Jacques a commencé à prendre place quelque part dans la vaste plaine de mon désir. Cette voix ne correspond pourtant pas au stéréotype de la voix sensuelle, elle n'est ni veloutée ni cassée. Quelqu'un l'avait enregistrée lisant un texte, puis m'avait fait écouter l'enregistrement au téléphone. J'en garde toujours en moi l'écho qui rayonna jusqu'à la pointe la plus innervée de mon corps. J'étais livrée à une voix qui elle-même donne l'impression de livrer totalement l'énonciateur, dans sa clarté, dans le battement paisible de ses inflexions courtes, aussi nette et assurée qu'une main qui bascule pour signifier "voilà". (p. 64)

On passe aussi aux choses plus sérieuses dans le genre fantasmatique : « [...] l'affaire s'organisait dans une baraque de chantier et c'était là des équipes entières d'ouvriers qui défilaient et qui, eux ne

Bouillon de culture

payaient pas plus de cinq francs la passe. Comme je l'ai suggéré, une réponse du corps répondait parfois aux évocations, mais ce n'était pas systématique ; l'action réelle et celle qui était fantasmée se déroulaient parallèlement et ne se rejoignaient que sporadiquement » (p. 42). Certaines scènes de Millet dépassent en réalisme de loin celles de Houellebecq les plus crues : « Tu ne peux pas savoir ce qu'il gémit... Quand je lui lèche le cul... Il se met en levrette, il a les fesses très blanches... Il les dandine quand j'y enfonce le nez. Après, c'est moi qui me mets à quatre pattes... Il finit, vite, par petits coups, comment dire ? Très ajustés » (p. 70). Les scènes charnelles décrites de façon crue émaillent l'ouvrage de manière itérative.

En outre, la narratrice philosophe tout aussi doctement que l'auteur des *Particules élémentaires* : « Ceux qui obéissent à des principes moraux sont sans doute mieux armés pour affronter les manifestations de la jalousie que ceux que leur philosophie libertine laisse désemparés face à des explosions passionnelles. La liberté la plus grande et la plus sincère dont un être fait preuve dans le partage du plaisir pris avec le corps de l'être qui lui est cher peut, sans qu'aucun signe ne l'ait annoncé, être traversée d'une intolérance exactement proportionnelle » (p. 71).

*

Bouillon de culture

Catherine Millet et ses révélations tapageuses n'a pas intronisé le genre, il est vrai. La publication répétée des journaux intimes de Gabriel Matzneff révèle depuis plusieurs décennies les penchants de l'auteur pour les « moins de seize ans » sans avoir conquis un grand public et l'engouement suscité par *La Luxure : Fragments d'un auto portrait en luxurieux* (1999)[70] de Michel Polac est loin d'égaler celui qui a déferlé à la sortie de *La Vie sexuelle de Catherine M.* Pourtant, Michel Polac invite à une traversée toute en volupté de la seconde moitié du XXe siècle.

Critique littéraire anticonformiste,

---

[70] Michel Polac, *La Luxure : Fragments d'un auto portrait en luxurieux*, Paris, Éditions Textuel, 1999.

Michel Polac publie *Journal*[71], récit autobiographique dont un passage l'a fait traiter de pédophile devant le public d'une émission télévisée culturelle animée par Daniela Lumbroso. Polac réfute toute accusation, bien que, hors contexte, le fragment incriminé prête à confusion :

> Oui, j'ai vécu cela à 14 ans avec I. J'ai défailli comme on disait au XVIIIe siècle, rien qu'en frôlant son ventre nu avec mon ventre. [...] De même avec un autre I. à 28 ans, il avait 18 ans environ, mais ce fut moins foudroyant, car je l'avais pris pour un tapin : et enfin à 40 ans, avec ce curieux gamin un peu bizarre, sauvage, farouche, un rien demeuré, fils de paysan, orphelin peut-être, qui devait avoir 10, 11 ans, peut-être moins, et qui m'a si étrangement provoqué jusqu'à se coucher nu dans ma chambre d'hôtel en me racontant une obscure histoire de relation sexuelle avec un homme de son entourage et je me suis rapproché de lui, et

---

[71] Michel Polac, *Journal*, PUF, 2000.

Bouillon de culture
il était nu sur le côté, et j'ai seulement baissé mon pantalon et ai collé mon ventre contre son cul, et j'ai déchargé aussitôt, en une seconde, dans un éblouissement terrible, et il a eu un petit rire surpris comme s'il s'attendait à ce que je le pénètre, il paraissait si expérimenté, si précocement instruit, tout en ignorant ce que cela signifiait, tout en étant capable de préciser ce qu'il savait ou voulait. (p. 147)

Polac avait décidé de publier son journal sans le relire et sans coupure, ce qui lui a valu l'admiration de Philippe Roussin : « De la culpabilité adolescente à l'harmonie avec ses désirs, Michel Polac revendique la contradiction entre le détachement et la volonté dionysiaque ». Philippe Romon ne cache pas non plus son enthousiasme pour le récit : « Notre anticonformiste professionnel donne libre cours au récit le plus réjouissant qu'il nous ait été donné de lire sur le sexe depuis une éternité, écrit dans une langue jubilatoire sans fausse pudeur[72] ».

*

Philippe Sollers soi-même s'est essayé – bien que dans un autre registre – à la confession amoureuse début 2000 avec *Passion fixe* (petit clin d'œil vers Ernaux ?) :

> Je dis passion fixe, puisque j'ai eu beau changer, bouger, me contredire, avancer, reculer, progresser, évoluer, déraper, régresser, grossir, maigrir, vieillir, rajeunir, m'arrêter, repartir, je n'ai jamais suivi, en somme, que cette fixité passionnée. J'ai envie de dire que c'est elle qui me vit, me meurt, se sert de moi, me façonne, m'abandonne, me reprend, me roule. Je

---

[72] Philippe Romon, *L'Événement du Jeudi*.

> *Bouillon de culture*
> l'oublie, je me souviens d'elle, j'ai confiance en elle, elle se fraye un chemin à travers moi. Je suis moi quand elle est moi. Elle m'enveloppe, me quitte, me conseille, s'abstient, s'absente, me rejoint. Je suis un poisson dans son eau, un prénom dans son nom multiple. Elle m'a laissé naître, elle saura comment me faire mourir. (4ᵉ de couverture)

écrit l'auteur de *Femmes*[73], un roman éclaté où l'auteur relate sa passion pour Dora, âgée d'une vingtaine d'années de plus que lui. Jeu littéraire du milieu germanopratin. En effet,

> Au même moment, la romancière Dominique Rolin publie *Journal amoureux*[74], récit de sa passion pour "Jim", brillant écrivain de vingt ans son cadet… Pour le grand public, c'est sur le plateau de Bouillon de culture réunissant les deux auteurs que Ber-

---
[73] Phillipe Sollers, *Femmes*, Gallimard, 1983.
[74] Dominique Rollin, *Journal amoureux*, Gallimard, coll. Blanche, 2000.

nard Pivot accomplit "l'outing" à leur place : Jim c'est Philippe et Dora c'est Dominique, révèle-t-il à la France ébahie ou simplement endormie. Françoise Xenakis résume dans *Le Nouvel Observateur* la portée de cette double publication : "Bien sûr le Tout-Paris connaissait cet amour entre ces deux-là, le respectait et s'en foutait, mais Romorantin ne le savait pas." Entre le récit purement autobiographique et le roman plein de viande et de sexe (Sollers dans son *Passion fixe* reproduit ironiquement des extraits, sans citer les auteurs, des livres de Claire Legendre, Guillaume Dustan et d'autres), le couple Sollers/Rolin a inventé un nouveau genre : la double confession littéraire "vue à la télé".[75]

*

Exception faite de la scène de Particules élémentaires où Desplechin se régale de la vue des baigneurs (p. 24), l'homosexualité

---

[75] Cité par Christian Authier, *Le Nouvel Ordre sexuel, op. cit.*, p. 87.

Bouillon de culture

reste un autre domaine sexuel où Houellebecq s'est peu profilé. Cependant, plusieurs auteurs contemporains considèrent la littérature une affaire de revendication et d'identité, une plateforme pour annoncer leurs préférences, tels Renaud Camus et Guillaume Dustan ou Hervé Guibert et Cyril Collard qui ont manifestement modifié la perception de l'homosexualité par le public. Renaud Camus annonce dans *Tricks* (1979)[76] « Ce livre essaie de dire le sexe, en l'occurrence l'homosexe, comme si ce combat-là était déjà gagné, et résolus les problèmes que pose un tel projet : tranquillement[77] ». Ce faisant, il lançait un genre

---

[76] Renaud Camus, *Tricks*, Paris, Mazarine, 1979.
[77] Renaud Camus en avant-propos à la première edition, cité par Christian Authier, *Le Nouvel Ordre sexuel*, *op. cit.*, p. 96.

hybride intemporel.

> Sans doute étions-nous dans une impasse du labyrinthe, car personne n'a essayé d'enjamber nos corps emmêlés. A moins que tout cela ne se soit passé très vite, car je n'avais plus la moindre notion du temps. Mais je ne le crois pas. Nous nous embrassions, nous nous léchions les seins, nous nous sucions le sexe, nos langues s'enfonçaient entre nos fesses. Il n'y avait rien de brusque, de heurté : on passait d'une figure à une autre par glissements progressifs, et de toute façon nous étions toujours engagés chacun dans plusieurs plaisirs à la fois, qui ne commençaient ni ne cessaient en même temps. (p. 456)

Des rencontres homosexuelles, autobiographiques, très brèves. Les faits rapportés se déroulent avant l'épidémie de sida. Ils le sont dans un langage très cru, non pour faire éclater le scandale ou par provocation, mais dans un souci de narration vraie.

Bouillon de culture

Ce sont ainsi que les choses se passent. Ce sont « des relations du même type : homosexuelles, improvisées, rapides ».

Selon Barthes, Renaud Camus est un écrivain et son texte relève de la littérature. Il en a écrit la préface pour que personne ne l'oublie malgré le sexe et l'homosexualité exposés crûment au fil des pages :

> Les pratiques sexuelles sont banales, pauvres, vouées à la répétition, et cette pauvreté est disproportionnée à l'émerveillement du plaisir qu'elles procurent. Or, comme cet émerveillement ne peut être dit (étant de l'ordre de la jouissance), il ne reste plus au langage qu'à figurer, ou mieux encore, à chiffrer, à moindres frais, une série d'opérations qui, de toute manière, lui échappent. Les scènes érotiques doivent être décrites avec économie. L'économie, ici, est celle de la phrase. Le bon écrivain est celui qui travaille la syntaxe de façon à enchaîner plusieurs actions dans l'espace de

langage le plus court (il y a, chez Sade, tout un art des subordonnées) ; la phrase a pour fonction, en quelque sorte, de dégraisser l'opération charnelle de ses longueurs et de ses efforts, de ses bruits et de ses pensées adventices. À cet égard, les scènes finales des Tricks restent entièrement sous le pouvoir de l'écriture.[78]

Renaud Camus est un grand spécialiste d'art contemporain, tout comme Catherine Millet qui « non insensible à sa démarche » aura peut-être elle aussi raconté sur un mode sériel ses rencontres sexuelles.

*

Guillaume Dustan, né en 1965 dans un mi-

---

[78] Roland Barthes, « Préface », dans Renaud Camus, *Tricks*, *op. cit.*

Bouillon de culture

lieu bourgeois est aussi tributaire envers Renaud Camus qu'il évoque dans son roman *Nicolas Pages* (1999)[79] : « Mon voyage à travers le sexe. L'idée était d'écrire une sorte d'odyssée, une histoire de ma vie sexuelle qui était aussi une découverte, un voyage dans les contrées sauvages et inconnues du sexe, peuplées de monstres divers. Ma "vie sexuelle". Un truc en fait assez peu exploré par la littérature[80] ». Dustan reconnaît avoir aussi été influencé par Bret Easton Ellis tout comme Houellebecq. Il fait le récit de ses aventures sexuelles dans un langage direct, incisif :

---

[79] Guillaume Dustan, *Nicolas Page*, Paris, Balland, 1999.
[80] Guillaume Dustan, *Nicolas Page*, cité par Christian Authier, *Le Nouvel ordre sexuel, op. cit.*, p. 100.

> Je suis monté à la backroom. Le premier mec que j'ai sucé m'a giclé en pleine gueule sans prévenir au bout d'une demi-seconde. Bienvenue au club. Après j'étais total défoncé dans le noir avec seulement les flammes des briquets, un truc immense, à sucer une queue considérable penchée sur des cuisses épaisses et poilues à demi vêtues d'un pantalon en velours. Ouais, en velours. Ça m'excitait grave. Le mec n'arrêtait pas de me dire Tomala. Tomala nel culo. Je ne voulais pas. Pas sans capote. Finalement c'est lui qui s'est fait baiser à cru par un autre gros calibre qu'après j'ai terminé en le suçant.[81]

Dans le registre trash, rien à envier à l'auteur d'*Extension du domaine de la lutte*. De ce qui précède, il apparaît que ce dernier est bien implanté dans un univers littéraire où se revendique le droit de tout dire en ce qui concerne le sexe, que ce soit

---

[81] *Ibidem*, p. 101.

Bouillon de culture

par les hommes ou par les femmes.

On pourrait, d'une certaine façon, tout simplement dire que l'imaginaire de ces auteurs, revendiquant une image plus ou moins rebelle, utilisant un vocabulaire cru dans un discours provocateur où le sexe et la violence tiennent le haut du pavé, témoignent de leur parfaite intégration à une littérature devenue produit dans un univers sociétal consommateur et mercantile où la médiatisation à l'extrême de leur personnalité semble l'emporter sur l'écriture. Une nouvelle littérature qui sait surfer sur les tendances identitaires et communautaires de ses lecteurs.

De fait, nous pouvons discerner un Michel Houellebecq loin d'être un précurseur né *ex nihilo*, s'insérant parfaitement dans une section du paysage littéraire français où Éros est à l'honneur dans ses positions les plus diverses. Toutefois, l'écriture houellebecquienne en renouvelle – ou tout du moins en rafraîchit – le genre de manière magistrale sans le déflorer, bien au contraire, comme nous l'allons voir dans les pages suivantes.

Cunnilinctus et fellation

Dans les romans de Michel Houellebecq, parmi tous les termes ayant rapport aux relations sexuelles, bien que décrit de nombreuses fois, le terme de « cunnilinctus » – ou celui plus usité de « cunnilingus » – revient peu. Par son étymologie, cunnilingus vient de cunni signifiant « con » et lingere pour « lécher » et désigne une pratique sexuelle raccordant la bouche d'un personnage avec les parties génitales féminines externes d'un autre. Le second étant obligatoirement de sexe féminin. À ce sujet, il existe une confusion terminologique : le cunnilingus concerne le pratiquant ; pour l'action, le mot correct est cunnilinctus qui est la caresse buccale de la région vulvoclitoridienne.

Quant à la fellation, le mot vient du latin « fellatio » de « fellare » : « sucer, téter » dont il est dit que c'est un acte sexuel consistant à exciter les parties génitales masculines par des caresses buccales. La prononciation du mot en soi entraîne certaines précisions selon que l'on emploie le terme francisé ou le terme latin :

118 *Michel Houellebecq. Sexuellement correct*

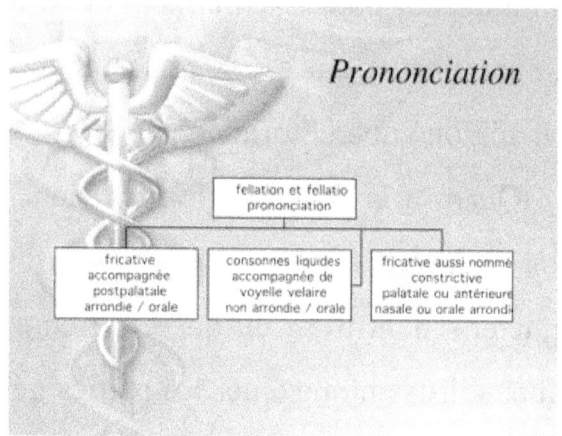

Le registre familier emploie aussi le terme « pompier ». À ce sujet, Romain Gary dans *Au-delà de cette limite votre ticket n'est plus valable* (1975) précise : « La fellation peut être utilisée comme une caresse dans le cours normal de l'étreinte, mais certainement pas comme une méthode de réanimation[82] ». Après ces quelques précisions techniques, venons-en au cœur de ce chapitre, cunnilinctus et fellation, autrement dit, les relations sexuelles buccogénitales chez Michel Houellebecq.

Dans *Les Particules élémentaires*, Bruno, en véritable obsédé sexuel de la saga houellebecquienne, aborde les femmes sans cacher ses intentions ou tout du moins ses désirs : « Sophie, j'ai envie de te lécher la chatte... » (PE 167) et il s'attèle consciencieusement à la tâche :

> Bruno lécha d'abord assez longuement le pourtour de sa chatte, puis excita le clitoris à petits coups de langue rapides. [...] Il replaça sa tête plus confortablement et caressa le clitoris de l'index. Ses petites lèvres com-

---

[82] Romain Gary, Au-delà de cette limite votre ticket n'est plus valable, Paris, Gallimard, 1975, p. 57.

mençaient à gonfler. Pris d'un mouvement de joie, il les lécha avec avidité. Il continua à masser le clitoris de plus en plus vite tout en léchant les lèvres à grands coups de langue amicaux. Bruno fit une brève pause, introduisit un doigt dans l'anus, un autre dans le vagin et recommença à lécher le clitoris du bout de la langue, à petits coups très rapides. Elle jouit paisiblement, avec de longs soubresauts. Il demeura immobile, le visage contre sa vulve humide » (PE 176-177).

L'action s'emballe radicalement lorsque le couple nouvellement formé de Christiane et Bruno rencontre leurs nouveaux amis et que la femme « [l]ui donna quelques petits coups de langue sur le gland » (PE 248) et « […]partout autour d'eux des couples baisaient, se caressaient ou se léchaient » (PE 299). La partie de plaisir continue :

Cunnilinctus et fellation 121

> Bruno et Rudi pénétrèrent successivement Hannelore, cependant que celle-ci léchait le sexe de Christiane ; puis ils échangèrent les positions des deux femmes. Hannelore effectua ensuite une fellation à Bruno. [...] En outre, elle suçait avec beaucoup de sensibilité ; très excité par la situation, Bruno jouit malheureusement un peu vite. Rudi, plus expérimenté, réussit à retenir son éjaculation pendant vingt minutes cependant qu'Hannelore et Christiane le suçaient de concert, entrecroisant amicalement leurs langues sur son gland. Hannelore proposa un verre de kirsch pour conclure la soirée. (PE 270)

Nous avons ici une description de l'acte sexuel partagé typique de la prose houellebecquienne où la chute connote une situation sociale ordinaire – adaptée à la nationalité de Rudi et Hannelore – engendrant l'humour et l'ironie. Tout se passe dans la plus grande convivialité, l'échangisme bien ancré dans les mœurs. Il est vrai que «

[…] Bruno s'aperçut avec ravissement qu'il avait une nouvelle érection, moins d'une heure après avoir joui entre les lèvres d'Hannelore. Sur la fin Hannelore s'accroupit entre ses cuisses et téta son sexe par petits coups » (PE 271 et 299). Malgré ses éjaculations souvent précoces, Bruno possède des qualités très appréciées de la gent féminine : « Ses compagnes de rencontre se montraient toujours ravies par l'agilité de sa langue, par l'habilité de ses doigts à découvrir et à exciter leur clitoris » (PE 305). À lire ces quelques passages du roman, le lecteur pourrait penser que ce héros est comblé. Or, il n'en est rien. Bien qu'il soit très apprécié, dans ce domaine particulier, par la gent féminine,

Bruno est un grand insatisfait, obsédé jamais heureux.

Dans *De la fellation comme idéal dans le rapport amoureux* (2002)[83], Gérard Lenne écrit : « Spectateur assidu de cinéma, je fais partie de la génération qui a assisté au grand chambardement des années 70, à l'explosion du film hard, dans la foulée de la fameuse révolution sexuelle. On a dès lors pu voir la chose elle-même sur grand écran, on a vu des bouches démesurées enfourner des sexes colossaux, on a pu observer leur capacité à leur dispenser un plaisir dont l'apothéose apparaissait à l'image, parfois en lyriques geysers sur

---

[83] Gérard Lenne, De la fellation comme idéal dans le rapport amoureux, Paris, La Musardine, 2002.

pellicule solarisée[84] ». Ces mots de Gérard Lenne, Houellebecq aurait sans nul doute pu les écrire et très certainement que les scènes récurrentes de fellation des films hard ont influencé sa perception du sexe transmise à ses héros. En effet, comme le déclare Daniel dans *La Possibilité d'une île*, « [...] dans les films pornos il y a toujours au moins une scène avec deux femmes, j'étais persuadé qu'Esther n'avait rien contre, et quelque chose me disait que Fadiah serait partante également. En se baissant pour relacer ses sandales, Esther effleura ma bite comme par inadvertance, mais j'étais certain qu'elle l'avait fait exprès, je fis un pas dans sa direction, mon

---

[84] *Ibidem*, p. 12.

sexe était maintenant dressé à la hauteur de son visage » (PI 196).

Toutefois, bien souvent au lieu du « geyser » annoncé, les héros houellebecquiens produisent régulièrement une piètre goutte même si une jolie fille s'occupe à leur procurer des réactions physiologiques avenantes :

> J'optai pour une Marocaine qui ne pouvait guère avoir plus de dix-sept ans ; ses gros seins étaient bien mis en valeur par le décolleté, et j'ai vraiment cru que ça allait marcher, mais une fois dans la chambre j'ai dû me rendre à l'évidence : je ne bandais même pas assez pour qu'elle puisse me mettre un préservatif ; dans ces conditions elle refusa de me sucer, et alors quoi ? Elle finit par me branler, son regard obstinément fixé sur un coin de la pièce, elle y allait trop fort, ça faisait mal. Au bout d'une minute il y eut un petit jet translucide, elle lâcha ma bite aussitôt ; je me rajustai avant d'aller pisser. (PI 313)

Dans *Lanzarote*, le lecteur peut évaluer – si ce n'est jouir de – la rencontre d'un homme et deux femmes très bien théorisée selon le féminisme militant. « Pam s'accroupit au-dessus du visage de Barbara, lui offrant son sexe à lécher [et alors] Elle se releva et s'installa à califourchon sur mon visage. [...] J'effleurai d'abord les grandes lèvres, puis enfonçai deux doigts – sans grand résultat, elle devait être très clitoridienne » (L 56). Cela ne peut étonner, car : « A l'époque héroïque de l'après-68, le féminisme militant, pur et dur, a prôné les pratiques qui n'incluaient pas la pénétration, assimilée à tort ou à raison au machisme. La femme libre et nouvelle théorisait volontiers sa sexualité, elle était clitoridienne plutôt que vaginale, et le discours féministe encourageait les progrès du cunnilingus et de la fellation[85] ». D'autre part, les années 68 sont décriées par Houellebecq pour leur pseudo révolution/libération sexuelle :

> En tant que vieil espacien... (Bruno rit pour établir une complicité au moins fictive), tu dois te souvenir des débuts de l'endroit, la libération sexuelle, les années 70... – Libération de ma queue ! gronda l'ancêtre. Y a toujours eu des nanas qui faisaient tapisserie dans les partouzes. Y a toujours eu des mecs qui se secouaient la nouille. Y a rien de changé, mon bonhomme. – Pourtant, insista Bruno, j'ai entendu dire que le sida avait changé les choses... – Pour les hommes, reconnut l'aquarelliste en se raclant la gorge, c'est vrai que c'était plus simple. Parfois, il y avait des bouches ou des vagins ouverts, on pouvait rentrer direct, sans se présenter. Mais il fallait déjà une vraie partouze, et là il y avait sélection à l'entrée, en général on

---

[85] *Ibidem*, p. 21.

> venait en couple. Et des fois j'ai vu des femmes ouvertes, lubrifiées à mort, qui passaient leur soirée à se branler : personne venait les pénétrer, mon bonhomme. Même pour leur faire plaisir, c'était pas possible ; il fallait déjà bander un minimum. – En somme, interjeta Bruno, pensif, il n'y a jamais eu de communisme sexuel, mais simplement un système de séduction élargi. – Ça oui... en convint la vieille croûte, de la séduction, y en a toujours eu". (PE 170-171).

Comme l'annonce le narrateur : « Tout cela n'était guère encourageant ». Apparemment, la grande révolution sexuelle avait été moins révolutionnaire que ce que l'on en disait. Il y aurait plus de séduction chez Houellebecq que vu au premier abord.

En revanche, Lanzarote s'avère une île de tous les délices – sexuels, cela s'entend – pour le narrateur : « Je donnai un coup de langue appuyé sur le bouton. […] Amenant son sexe contre ma bouche. Je posai les mains sur ses fesses et recommençai à la lécher avec une ardeur croissante » (L 56-57). Ayant eu la chance de rencontrer deux *lesbiennes non exclusives*, il peut s'adonner au sport houellebecquien favori dans tous ses états et positions : « J'enlaçai Pam et déposai de petits baisers sur ses épaules et sur son cou pendant que Barbara commençait à la lécher. Elle jouit un peu plus tard, presque calmement, avec une cascade de petits couinements aigus. […] Pam et Barbara continuaient à s'enlacer et à s'entre sucer dans le grand lit » (L 65) d'où une grande tendresse se dégage de cette scène qui *a priori* semble sexuelle. Par ailleurs, le narrateur confie :

« Pam avait une manière très particulière de sucer, pratiquement sans bouger les lèvres, mais en passant la langue tout autour du gland, parfois très vite, parfois avec d'exquis ralentissements. [...] Barbara se déshabilla complètement, s'agenouilla devant moi et me prit dans sa bouche. Elle referma ses lèvres sur le bout de mon sexe, et, lentement, mais irrésistiblement, centimètre après centimètre, l'introduisit dans sa gorge » (L 57 et 64).

"Don't worry..." dit-elle ; puis elle s'agenouilla pour me faire une pipe. Elle avait une technique très au point, certainement inspirée par les films pornos – ça se voyait tout de suite, car elle avait ce geste, qu'on apprend si vite dans les films de rejeter ses cheveux en arrière pour per-

mettre au garçon, à défaut de caméra, de vous regarder en pleine action. La fellation est depuis toujours la figure reine des films pornos, la seule qui puisse servir de modèle utile aux jeunes filles ; c'est aussi la seule où l'on retrouve parfois quelque chose de l'émotion réelle de l'acte, parce que c'est la seule où le gros plan soit, également, un gros plan du visage de la femme, où l'on puisse lire sur ses traits cette fierté joyeuse, ce ravissement enfantin qu'elle éprouve à donner du plaisir. [...] et j'éprouvai un immense bonheur à jouir dans sa petite bouche. (PI 199-200)

De toute évidence, le narrateur s'est choyé au visionnement répété de films X et la fellation est une de ses caresses préférées.

Cela n'est nullement pour surprendre. Selon Lenne, « [...] la fellation est de loin, pour les hommes, la caresse préférée – passant avant le coït simple par pénétration vaginale » (p. 24).

Le cinéma et indubitablement encore plus récemment les chaînes de télévision programmant des films érotiques en continu, ont contribué pour une large part à la diffusion d'une pratique sexuelle peu connue jusque-là d'un vaste public. Caresse devenue banale en littérature grand public, mais au quotidien sujette à réticences, discussion, voire interdiction : « Aux États-Unis, spécialistes en la matière [de répression puritaine], dix-huit États interdisent encore la fellation hétérosexuelle, vingt-deux la fellation homosexuelle – le pompon étant détenu, ce qui n'étonnera personne, par les États du vieux Sud. Cette carte de la répression, si grotesque soit-elle (des peines d'emprisonnements pourraient, théoriquement, être requises), recoupe une carte de la honte, puisque ce sont peu ou prou les mêmes États qui continuent d'appliquer la peine de mort[86] ». La fellation, décrite comme l'excitation par les lèvres et la bouche du membre masculin, avait permis à Bill Clinton, lors de l'affaire Lewinsky, de dire qu'il n'avait pas eu de rapports sexuels. Il pouvait faire valoir que le rapport est du côté de l'officiant, mais non du récepteur ! On imagine sans peine le grand bureau ovale – si fréquemment représenté dans les séries américaines

---

[86] *Ibidem*, pp. 18-19.

inondant nos chaînes télévisuelles – et l'homme le plus puissant de la planète, debout, peut-être appuyé contre un meuble ou même assis à sa table de travail sur son gigantesque fauteuil avec le drapeau étoilé en arrière-plan et Monica agenouillée, portant à ses lèvres le présidentiel appendice, son possesseur plongé dans le *nec plus ultra* du plaisir – sexuel tout de même. Stratégie culturelle purement amoureuse ou hommage fervent de la part de la stagiaire en prière à son boss ? Car « si la pénétration vaginale nous est donc imposée par la nature, on découvre vite que la fellation – et ce n'est pas le moindre de ses charmes – est affaire de culture[87] ». La position présumée à genoux de Monica répond à

---

[87] *Ibidem*, p. 49.

l'imaginaire collectif : « Une fois qu'elle [la fellation] fut (joliment, mais emphatiquement) baptisée "caresse absolue", on a souligné à l'envi son caractère sacramentel, par référence à l'eucharistie. Y contribue, outre l'assimilation du sperme à l'hostie, la position de l'agenouillement – qui n'est, on le verra, qu'une de ses possibilités, mais semble prépondérante dans l'imagination populaire – ct la ferveur de l'officiante[88] ». Ce fait n'a pas échappé à Houellebecq comme nous avons pu le constater.

Dans *Plateforme*, entre autres, la baby-sitter (nommée Eucharistie !) « [...] se déshabillait jusqu'à la taille, se laissait caresser les seins ; puis il s'adossait au mur,

---

[88] *Ibidem*, p. 48.

elle *s'agenouillait* devant lui » (P 303, nous soulignons) ou bien, dans le même roman, Valérie, coquine alors que le narrateur l'embrasse « recula son visage, regarda à gauche et à droite : la rue était parfaitement calme. Elle *s'agenouilla* sur le trottoir, défit ma braguette, prit mon sexe dans sa bouche. Je m'adossais aux grilles du parc ; j'étais prêt à venir. Elle retira sa bouche et continua à me branler de deux doigts, tout en passant son autre main dans mon pantalon pour me caresser les couilles. Elle ferma les yeux ; j'éjaculai sur son visage. A ce moment, je crus qu'elle allait avoir une crise de larmes ; mais finalement non, elle se contenta de lécher le sperme qui coulait le long de ses joues » (P 188, nous soulignons).

Pour Di Meola, dans *Les Particules élémentaires*, la préférence de la fellation à la pénétration est aussi argumentée sobrement : « La pénétration perdait peu à peu de son intérêt pour lui, mais il prenait toujours du plaisir à voir les filles *s'agenouiller* pour lui sucer la bite. […] David jouit dans la bouche de la fille au moment où sa lame tronçonnait le sexe » (PE 257, nous soulignons). Dans cette description, la jouissance par la fellation est accentuée par celle de l'émasculation, un thème récurrent de la prose houellebecquienne. Dans *La Possibilité d'une île*, cette gâterie est vue comme une manière d'établir un rapport de dominance entre celui qui la reçoit et un autre dont l'expérience est celle d'un spectateur sans plus, mais l'officiante toujours agenouillée, elle aussi : « Obéissant sans un mot, elle *s'agenouilla* entre ses cuisses, écarta le peignoir et commença à le sucer ; son sexe était court, épais. Il souhaitait apparemment établir d'entrée de jeu une position de dominance claire ; je me demandai fugitivement s'il le faisait uniquement par plaisir, ou si ça faisait partie d'un plan destiné à m'impressionner. [...] De temps en temps il posait la main sur la tête de la fille, qui interrompait son mouvement ; puis, sur un nouveau signe, elle recommençait à le pomper » (PI 233, nous soulignons).

Par ailleurs, cet état de fait n'a qu'une portée modérée de préférence philosophique sur le spectateur-narrateur : « On

Cunnilinctus et fellation 139

considère en général les hommes comme des bites sur pattes, capables de baiser n'importe quelle nana à condition qu'elle soit suffisamment excitante sans qu'aucune considération de sentiments entre en ligne de compte ; le portrait est à peu près juste, mais quand même un peu forcé. Susan était ravissante, certes, mais en la voyant sucer la queue du prophète je n'avais ressenti aucune montée d'adrénaline, aucune poussée de rivalité simiesque, en ce qui me concerne l'effet avait été manqué, et je me sentais en général inhabituellement calme » (PI 237).

D'autre part, la fellation n'engagerait pas formellement les partenaires au même niveau que l'accouplement coïtal et principalement la pénétration vaginale à en croire les nombreuses fois où celle-ci est pratiquée par les héroïnes houellebecquiennes. Même dans *Extension du domaine de la lutte*, où la gaudriole est loin d'être à l'honneur, Raphaël surprend un couple dont la fille se livre à l'acte fellateur avec une variante dans la position : « "Quand je suis arrivé, ils étaient entre deux dunes. Il avait déjà enlevé sa robe et son soutien-gorge. Ses seins étaient si beaux, si ronds sous la lune. Puis elle s'est retournée, elle est venue sur lui. Elle a déboutonné son pantalon. Quand elle a commencé à le sucer, je n'ai pas pu le supporter » (EDDL 120).

Les scènes de fellation abondent dans *Les Particules élémentaires*, véritable ode à la caresse buccale : « Peut-être quelques fellations » (PE 81), « Une fellation bien conduite était un réel plaisir » (PE 151), « Se faisant sucer par telle ou telle petite pute » (PE 67), « La seconde après-midi, elle l'avait elle-même masturbé et sucé » (PE 92), « Ensuite j'ai approché ma bite de sa bouche » (PE 95), « Qu'on appelle communément "bouche à pipe" » (PE 136), « Puis la langue de la fille se posa sur le bout de son gland » (PE 173), « Elle referma ses lèvres et lentement, très lentement, le prit dans sa bouche » (PE 173), « Lorsque les lèvres de la fille atteignirent la racine de son sexe, il commença à sentir les mouvements de sa gorge » (PE 173), « La plupart des hommes préfèrent les pipes, dit-elle encore » (PE 175), « Mais le premier soir elle proposa à Bruno de lui faire une pipe » (PE 190), « Il finissait par céder, sortait son sexe. Elle le suçait rapidement, un peu trop fort ; il éjaculait dans sa bouche » (PE 190), « Il montait chez elle, se faisait faire une pipe et repartait » (PE 190), « Tout ce que je voulais, c'était me faire sucer la queue par de jeunes garces aux lèvres pulpeuses [...]. Mais elles suçaient d'autres queues que la mienne » (PE 219). Avec la proposition ultime : « Tu veux que je te prenne dans ma bouche ? » (PE 291) non dénuée de répétition : « Christiane lui suçait la bite et s'occupait de lui quand il était malade. [...] Bruno se faisait sucer par Christiane [...]. Elle promenait sa langue sur le sexe de Bruno » (PE 298 et 306). Pour la représentation de la fellation, non seulement les jeunes et moins jeunes filles sont sollicitées, les fillettes sont également mises à contribution dans le rôle de vestale phallique : « "Quand des amis de papa restaient dormir à la maison, je montais leur faire une pipe" rapportait Aurélie 12 ans » (L 80). Une trentaine de fellations sont également distribuées dans *Plateforme*. La terminologie évoluant dans un registre plus ou moins similaire. La bite est contre la bouche, le gland titillé par la langue, excité à grands ou petits coups de langue, c'est selon, et finalement les femmes pourlèchent le sperme leur coulant le long des joues.

Jean-Yves, dans le rôle d'irrumateur, n'agit pas autrement que beaucoup de personnages masculins. Dans son cas, cependant, on peut lire la métaphorisation de son entreprise de tourisme sexuel où le mâle occidental plonge subitement corps et âme, et plutôt corps que âme, dans le tiers-monde où le rapport sexuel entre un homme de race blanche et une indigène s'assimile à une prise de territoire par le premier[89].

Il semblerait que la fellation se soit totalement aujourd'hui intégrée à notre culture érotique, qu'elle soit devenue une nécessité des films X. L'un des impératifs érotiques, elle en domine l'écran dans un mode de relation particulière à l'autre où chaque pulsion – émotionnelle, cérébrale,

---

[89] Cf. Jennifer Yee, *Clichés de la femme exotique. Un regard sur la littérature coloniale française entre 1871 et 1914*, Paris, L'Harmattan, 2000.

tactile... – se transcrit par la rencontre de deux organes. Lien complexe entre l'œil, la bouche et le sexe, la fellation, transformée en visualité sur la pellicule, a envahi les textes littéraires par la parole. La fellation pouvant être appréhendée du point de vue d'un danger potentiel – elle aplanit les différences essentielles entre homosexualité et hétérosexualité – reste une question sans réponse à ce jour.

Dans son superbe essai, *La Fellation dans la littérature* (2001)[90], Franck Evrard remarque : « La force et la tension dramatique de la fellation viennent du fait qu'elle introduit un trouble dans la relation impersonnelle, uniquement fondée sur le sexe,

---

[90] Franck Evrard, *La Fellation dans la littérature*, Paris, Le Castor Astral, 2001.

qu'entretiennent les deux personnages. Elle constitue un langage qui rapproche des êtres enfermés dans leur narcissisme, en éveillant l'attention au mystère de l'autre et en invitant à une exploration de l'intimité des corps[91] ». Ne serait-ce que chez Houellebecq, la fellation est là pour elle-même, non pour inviter à une plus grande exploration. Elle est l'exploration. Selon Evrard : « la plus étonnante fellation est celle de *Blow job* (1964) d'Andy Warhol. Hors champ, elle est suggérée par le gros plan presque neutre et indifférent (une demi-heure) sur le visage d'un homme en train d'être sucé. Le gros plan pornographique est retourné contre lui-même : au lieu d'exhiber le sexe, il exclut et cache, au

---

[91] *Ibidem*, p. 39.

lieu d'avouer, il fuit, décevant le voyeurisme[92] ». Un angle et un plan que Houellebecq a repris dans *La Rivière*[93], mais avec un visage de femme se faisant sucer par une autre femme, et la séquence ne dure pas aussi longtemps. D'une manière ou d'une autre, la tension ne se réalise pas avec une multitude de plans successifs sous différents angles. Peut-être fallait-il la fellation au lieu du cunnilinctus pour parvenir à la jouissance oculaire du spectateur sur ce point précis. Mais jugeons-en, sur d'autres, il peut être fortuné.

*

---

[92] *Ibidem*.
[93] Court-métrage de Michel Houellebecq, 2001.

La Rivière

Court métrage réalisé avec Canal +, *La Rivière, l'érotisme vu par Michel Houellebecq* avec en incipit une citation de Lautréamont : « La peinture de la douleur est un contresens ; il faut tout faire voir en beau ».

Une carte géographique, une rivière. Vert tendre pour les plantations, bleu ciel pour le fleuve et du blanc. Beaucoup de blanc. Mareuil. La carte fait place à un endroit près de la rive. Du vert encore. Des broussailles, des arbustes sur la droite. Au centre de l'image, l'eau calme d'une rivière avec en arrière-plan, une berge sablée boisée. Tout au fond, une montagne. En-

La rivière

core plus loin, le ciel. À gauche, le tronc d'un arbre surplombant le cours d'eau. Une ébauche de sentier et une femme accroupie, le fessier à l'air. En décor sonore, le glouglou de l'eau qui coule. Le couinement d'une fermeture éclair. La femme se lève et prend son sac à dos. Elle porte de grosses chaussures de marche, des chaussettes roulées sur les chevilles. Ses seins dénudés. Son regard est dirigé vers l'eau. Une petite île se dessine au milieu des ondes. La femme se tient face au fleuve dans une sorte de fourré. Elle passe les bretelles de son sac à dos sur les épaules, ce qui met en valeur son fessier rebondi. « LA RIVIÈRE » s'inscrit en lettres capitales blanches avec l'île en toile de fond après que la femme soit repartie, offrant la vue de son pubis découvert au spectateur. Le chant des oiseaux en fond sonore. La caméra zoome avant sur l'île. Puis, la femme marche sur une route goudronnée, s'enfonçant sous un pont en pierres de taille. Elle est toujours de dos. La route bordée d'arbres et les talus herbeux constellés de fleurs jaunes. L'ombre des branches s'étale sur la route. Un panneau de signalisation annonce « DANGER ». Stridulement des cigales. La femme, ses longs cheveux lui battant les omoplates, pousse une grille en fer forgé, encastrée dans un mur crépi. Deux piliers surmontés d'une urne remplie d'herbes folles de chaque côté des battants. Le lierre recouvre la partie droite. Sur la gauche, à l'intérieur de l'enceinte, se voient une porte, une fenêtre d'habitation. L'herbe du trottoir est jaunie, sèche, sans vie à de rares chiendents près. La femme pénètre dans la cour. Une autre l'attend près d'un tronc dressé vers le ciel, dans les feuillages avec l'eau en arrière-plan. Les femmes s'embrassent tendrement. Elles portent un costume identique. Une large ceinture grise autour de la taille et l'estomac, libérant aussi bien les fesses que les seins. Les deux femmes s'embrassent longuement sur la bouche, soupirent et se cajolent, heureuses de toute évidence de se retrouver. La rivière est de plus en plus visible. « L'OCCUPATION DU MONDE » apparaît en lettres blanches. Gros plan sur des tresses de ce qui pourrait être des chaumes avec inscrit « LE MONDE ENTRE LES PEAUX ». Les deux femmes allongées sur un tissu chamarré dans les tons camaïeux foncés. Cunnilinctus prolongé, avec un plan total de la réceptrice et son aisselle non épilée, la main gauche devant son visage, l'autre bras ramené près de ses cheveux. Cambrure de reins. Plaisir se lisant sur le visage. La main venant se perdre sur les cheveux de sa compagne. À nouveau, les tresses végétales. Soupirs et geignements en fond sonore. Bruits discrets de succion. Excitation de plus en plus frénétique avec gros plan sur les pierres du mur. Après l'amour, dialogue historique sur la maison du XIIe siècle, une ancienne

La rivière

forteresse cathare.

05:44 À nouveau la rivière. Croassement en fond sonore. Les deux femmes au bord de l'eau étudient une carte géographique. Grâce à une paire de jumelles, elles voient au loin un autre couple féminin se tenant par la main, dans l'eau jusqu'aux genoux. Voisines installées dans la région depuis deux ans déjà, informe l'hôtesse. Elles s'avancent prudemment dans l'eau.

06:18 Au loin, une barque descend le cours. Musique de luth. Deux femmes se laissent dériver au gré du courant. Sur la berge, allongée au soleil, une femme. Elle se relève et voit les deux canotières. Ces dernières portent le même costume révélateur de leur anatomie. Sous le luth transparaît le clapotement de l'eau. Les deux femmes en barque sont maintenant vues de face. L'une d'elles pagaie. « LA DOUCEUR DES ONDES » en lettres blanches se profile sur l'eau moirée du reflet de la verdure qui la surplombe. Un autre plan où l'eau et la végétation se confondent. Sur la gauche, les deux femmes dans leur canot. « INSTALLE UN NOUVEAU MONDE ». Toujours le son du luth et le clapotis de l'eau en *basso continuo*. La musique se tait et laisse le gargouillis envahir le décor sonore. Le canot se rapproche. Les deux femmes accostent la berge sablonneuse où les attend un couple vêtu de la même ceinture avec en surplus une petite cape à capuchon en tissu

La rivière

translucide. Un arbre à quatre troncs prend racine dans l'eau sur la droite et l'eau se teinte du bleu profond des frondaisons qui la bordent. L'embarcation est à moitié tirée sur le sable. L'hôtesse avance et l'une des femmes nouvellement arrivée par voie d'eau se porte à sa rencontre. Elles s'embrassent, s'enlacent et se laissent tomber sur le sable pour un accouplement saphique, bientôt rejointes par une troisième compagne. Cette dernière, toutefois, est emmenée par les deux autres et, ensemble, elles passent le portail de pierre abondamment recouvert de mousse et de lierre. Sur la droite de l'écran, quelques épis de maïs se dressent au milieu des herbes folles. Elles sont pieds nus. Entrelacées, elles s'éloignent et leurs fessiers scandent leur marche. Le chant des oiseaux domine à nouveau la scène.

Sur la plage, le couple poursuit son enlacement et le cunnilinctus sous le soleil. Soupirs, pépiements d'oiseaux. Roulades dans le sable. Échange de position et d'occupation. Sur une couche de galets, les corps se reflètent dans l'eau, les cheveux défaits scellant le secret des lèvres jointes. Un geai rieur s'ébroue en éclats de gaité. « PRÈS DE NOS CORPS MÊLÉS ».

11:00 Nouveau plan sur la rivière à moitié ensoleillée, bordée d'arbres aux branches plongeant dans son cours. « LA RIVIÈRE EST PROFONDE ». Dernier soupir. Les deux femmes sont vues, à leur tour, se

La rivière

dirigeant bras dessus, bras dessous, sous le portail de pierres.

11:39 Les cinq femmes se retrouvent près d'une pépinière d'arbres. Trois d'entre elles se déshabillent l'une après l'autre. Elles sont maintenant, tout d'un coup, sept. Une discussion s'ensuit entre deux un peu à l'écart des autres. « Vous les avez plantés quand ? – Ils sont morts d'un seul coup. – Vous ne savez pas de quoi ils sont morts ? – Non, on n'a pas cherché à savoir… on les a juste enterrés ». Pendant ce temps, les cinq autres s'enfoncent entre les troncs. « … nus dans la terre… sans rien… Au-dessus de chaque corps, on a planté un arbre. – Vous êtes sûrs que c'étaient les derniers ? – Ils nous l'ont dit.

Ils savaient qu'ils étaient les derniers ». Les cinq femmes continuent à marcher et s'éloignent toujours plus loin progressivement. « Ils savaient qu'ils allaient mourir ».

12:42 Nouveau plan. Parmi les fûts, sur l'herbe, les femmes commencent à se caresser et faire l'amour. Elles sont cinq. Craquètement des grillons. Caresses et cunnilinctus. « Nous recréons le monde ». Soupirs. « Enlacé de caresses ». « Un monde entrelacé ». Cajoleries et soupirs discrets. « Nous recréons l'espace ». Gros plan sur un sein, un buste. Un insecte court sur une cuisse. « Nous recréons l'espèce ». Un rayon de soleil se joue de l'ombre sur le thorax

La rivière 159

de la femme caressée. Une zébrure de feu, une cicatrice d'amour. Sa respiration s'accélère. Sa poitrine se soulève en spasmes. Elle hoquète. Des mains cajolent ses seins, effleurent ses cheveux, flattent son cou, mamourent son ventre. Un dernier gémissement. Noir. « F*in* ». Silence. Générique.

Si Houellebecq a repris l'idée de Warhol quant au cadre sur le visage pendant l'acte sexuel, force est de constater qu'il l'a insérée dans un contexte autrement élargi. Paysages variés, discussions en profondeur, illustrent les thèmes romanesques houellebecquiens où Éros est lâché en pleine nature et sans l'ombre de Thanatos, cette fois-ci.

La vulve de Jane

Plusieurs critiques l'ont souvent remarqué – notamment déjà à la sortie des *Particules élémentaires* – les descriptions de scènes sexuelles chez Houellebecq apparaissant avec une lancinante répétition semblent des citations de film X[94]. Les deux termes – non contradictoires *stricto sensu* – méri-

---

[94] Sur la citation cf. Antoine Compagnon, *La Seconde main ou le travail de la citation*, Éditions du Seuil, 1979 ; pour les vidéos de films X toute vidéothèque spécialisée fera l'affaire. Il serait peut-être tout aussi correct de parler de « novellisation » de scènes de film. Sur la novellisation cf. Murielle Lucie Clément, *Andreï Makine. Présence de l'absence : une poétique de l'art (photographie, cinéma, musique)*, thèse de doctorat, Université d'Amsterdam (UvA), 2008, section IV, ch. IX et X.

tent attention. En illustration de notre propos, nous tirons un exemple des *Particules élémentaires*.

> Je suis entré dans leur chambre, ils dormaient tous les deux. J'ai hésité quelques secondes, puis j'ai tiré le drap. Ma mère a bougé, j'ai cru un instant que ses yeux allaient s'ouvrir ; ses cuisses se sont légèrement écartées. Je me suis agenouillé devant sa vulve. J'ai approché ma main à quelques centimètres, mais je n'ai pas osé la toucher. Je suis ressorti pour me branler. Elle recueillait de nombreux chats, tous plus ou moins sauvages. Je me suis approché d'un jeune chat noir qui se chauffait sur une pierre. Le sol autour de la maison était caillouteux, très blanc, d'un blanc impitoyable. Le chat m'a regardé à plusieurs reprises pendant que je me branlais, mais il a fermé les yeux avant que j'éjacule. Je me suis baissé, j'ai ramassé une grosse pierre. Le crâne du chat a éclaté, un peu de cervelle a giclé autour. J'ai recouvert le cadavre de pierres, puis je suis rentré dans la maison ; personne n'était encore réveillé. (PE 91)

La vulve de Jane 163

Bruno en visite chez sa mère ressent un certain besoin. En simplifiant à l'extrême, acceptons quelques éléments de la narration comme description de la situation narrative. Cette description donne à voir. Et qu'offre-t-elle à la vue ? Bruno devant la vulve de sa mère. Mais, cette description dénude plus. Elle démontre que, par exemple, lorsque l'on pense « le complexe de castration » inhérent à l'œuvre houellebecquienne[95], la démarche peut être considérablement élargie. À notre avis, ce complexe dont souffrait tant notre pauvre Sigmund – qu'il l'imaginait torturant tous ses

---

[95] Plusieurs critiques ont vu chez Houellebecq différents complexes ressortissants à la terminologie freudienne.

congénères[96] – est accouplé à un autre complexe tout aussi – sinon plus – présent. Ce que l'auteur démasque serait plutôt que l'homme – dont le membre viril est doté de miraculeuses capacités inflatives – bandant très fort dans sa solitude, souffre de ne savoir où caser son affaire dans les meilleurs délais et de préférence au chaud. Ce que le docteur Gérard Zwang a nommé « le complexe de protubérance[97] ». C'est clairement le cas de Bruno dans cette scène et dans bien d'autres.

---

[96] Cf. Michel Onfray, *Le Crépuscule d'une idole*, Paris, Grasset, 2010.
[97] Gérard Zwang, *Éloge du con. Défense et illustration du sexe féminin*, Paris, La Musardine, 2001.

La vulve de Jane 165

D'autre part, nous l'avons indiqué ailleurs[98], cette description est aussi une citation d'un texte de Huxley : « Très lentement, du geste hésitant de quelqu'un qui se penche en avant pour caresser un oiseau timide et peut-être un peu dangereux, il avança la main. Elle reste là, tremblante, à deux centimètres de ces doigts mollement pendants, tout près de les toucher. "L'osait-il ? Osait-il profaner, de sa main la plus indigne qui fût, cette …". Non, il n'osait point. L'oiseau était trop dangereux. Sa main retomba en arrière…[99] » Texte lui-même citation de Shakespeare,

---

[98] Cf. Murielle Lucie Clément, *Houellebecq. Sperme et sang*, Paris, L'Harmattan, 2003.
[99] Aldous Huxley, *Le Meilleur des mondes* (1931), Paris, Le livre de Poche, 1988, p. 166.

peut-être elle-même citation d'un texte plus ancien.

Nous avons ici un cas d'intertextualité (à ne pas confondre avec intersexualité : une malformation congénitale des organes génitaux, générant les diverses pseudo-hermaphrodites. En effet, il n'y aurait pas de véritables hermaphrodites selon plusieurs spécialistes, théorie violemment contredite par d'autres[100]). En outre, cette description n'est nullement détachable sans nuire à la signification du

---

[100] La problématique a été parfaitement illustrée en termes compréhensibles sans langage abscons par Stephen Lynch dans son titre « A little bit special »
http://www.youtube.com/watch?v=XUmP569cBdI. Pour une définition plus musclée, s'accoupler au lien : http://www.jax-inter.net/~help/sexdiff.html.

La vulve de Jane 167

développement narratif ni chez Huxley ni chez Houellebecq. Si John, le sauvage, se retient de toucher la jeune femme qui lui rappelle un oiseau timide, en fait d'oiseau, Bruno effrayé du mouvement de Jane, sa mère, écrasera – après son éjaculation – la tête d'un jeune chat, à lui en faire sauter la cervelle. Éclaboussement de sperme, éclaboussement de cervelle, jaillissement total. Première fonction de cette description : elle établit la profondeur intertextuelle du roman et fonctionne en lecture méta textuelle comme l'interdit de l'inceste.

Deuxième fonction : elle signale le héros houellebecquien agissant presque normalement sur le plan sexuel, car le jeune garçon se masturbe après un visionnement pouvant être taxé d'excitant. Légèrement moins majoritaire dans ces cas-là, si l'on en croit les données de l'enquête de Janine Mossuz-Lavau consignées dans *La Vie sexuelle en France* (2002)[101], est l'éclatement de la tête subi par le chat. Mais, une autre dimension se profile. Exception faite qu'elle porte à notre attention la profondeur littéraire du roman, et le comportement sexuel de Bruno, cette description nous propose un aperçu de l'éthique vulvaire chez Houellebecq. De plus, avec son relent incestueux, ce fragment pourrait être taxé de sexuellement incorrect.

---

[101] Janine Mossuz-Lavau, *La Vie sexuelle en France*, Paris, La Martinière, 2002.

> La morale est partout sauf chez Houellebecq. En effet, la morale bien-pensante a influencé la littérature. Mais voilà, la virginité n'est plus une valeur sûre, sauf peut-être dans certaines communautés où, par ailleurs, l'auteur n'entraîne pas son lecteur. D'autre part, les relations sexuelles d'un homme et d'un homme ou de deux femmes entre elles sont encore assez mal perçues. Et s'il nous est donné de sodomiser légalement, on continue à se masturber sans le dire et à cacher son plaisir.[102]

Or, ce que cette description affirme aussi, est le plaisir de Bruno à la vision de la vulve, un organe peu décrit en littérature jusque-là, mais aussi peu nommé, exception faite de quelques romanciers cités précédemment dont les œuvres furent mises à l'index.

---

[102] Cf. Fabrice Bousteau, *Sexes, images-pratiques et pensées contemporaines*, Paris, Beaux-Arts SAS, 2004, p. 10.

On aura sans peine noté que chez Houellebecq, si les relations sexuelles de deux femmes sont relatées, elles sont toujours cautionnées par l'œil – dans tous les sens du terme – approbateur d'un homme. Bien entendu, avec le chat dans le paysage c'est aussi un peu la psychanalyse qui s'avance et le paysage n'est pas franchement joli.

> Malheureusement, c'est sur la beauté que la psychanalyse a le moins à nous dire. Un seul point semble certain, c'est que l'émotion esthétique dérive de la sphère des sensations sexuelles ; elle serait un exemple typique de tendance inhibée quant au but. Primitivement, le "beau" et le "charme" sont des attributs de l'objet sexuel. Il y a lieu de remarquer que les organes génitaux en eux-mêmes, dont la vue est toujours excitante, ne sont pourtant jamais considérés comme beaux. En revanche, un caractère de

beauté s'attache, semble-t-il, à certains signes sexuels secondaires.[103]

En ce sens, cette description représente une certaine beauté, beauté du texte ou beauté du sexe, autrement dit : beauté de la description ou de l'objet décrit ? La vulve de Jane n'est pas à proprement parler décrite, plutôt juste nommée. Elle est là tout simplement. Offerte à la vue de Bruno comme *L'Origine du monde* derrière son rideau à celle de Lacan. D'un autre côté, ce fragment occulte tout à fait les pensées de Bruno. Quelles sont les images qui, en ce moment précis où il essaie de toucher la vulve de sa mère, peuvent s'incruster dans

---

[103] Cf. Sigmund Freud, *Le Malaise dans la culture* (1929), Paris, PUF, 2004, p. 26.

ses pensées si tant soit peu qu'il en ait ? A-t-il quelque réflexion spéciale pendant son acte ? La tête lui tourne-t-elle ? Et le chat dont la tête explose, serait-ce une métaphorisation de la vulve jouissante éclaboussée de sperme comme Houellebecq sait en innerver ses textes ? Sexuellement incorrect donc dans le contexte présent.

D'autre part, que la vulve de Jane soit nommée sans plus de détails révèle une certaine pudeur de la part de l'auteur à l'encontre du visionnement des parties génitales de la mère par le fils. Allusion, par contre, à une situation subtilement incestueuse sans passage à l'acte de pénétration sous quelque forme que ce soit si ce n'est visuelle. Malgré tout, par la masturbation performée, les organes féminins et masculins sont réunis dans le même fragment. Ainsi, Houellebecq pulvérise-t-il un tabou en fines particules acceptables. Véritable émancipation de l'interdiction, abolition du tabou, mais consommation de la déviance du regard et exaltation des sens dans l'épanouissement jouissif de Bruno. Position provocatrice du narrateur esquissant chaque détail de la scène : « le sol cailllouteux, très blanc, d'un blanc impitoyable » qui fait passer la sauvagerie de Bruno à l'égard du chat – probablement sauvage lui-même comme suggéré – au second plan. Détail pénible que ce corps de chat à la tête fracassée recouvert de pierres. Cette description est loin d'être gratuite pas plus que la cruauté à l'égard du félidé. Elle remplit une fonction prémonitoire de la suite du roman et annonce beaucoup des événements à venir. Bruno, ainsi caractérisé à peu de frais, est planté comme un être instable, cruel au plus profond de soi-même, empli de rancune, de frustration et d'obsession sexuelles à l'égal de sa fatigue d'être soi. Soit dit en passant, la dissimulation du cadavre sous les pierres n'est pas sans évoquer celle du vomi sous les coussins par le narrateur d'*Extension du domaine de la lutte* (p. 7). Dans les deux cas, il s'agit de soustraire aux regards immédiats une action se passant de commentaires.

La vulve de Jane 175

Cette scène est aussi une mise en abyme du roman dans sa complétude où la vulve des femmes est généreusement exposée aux regards : « Il est courant sur la plage de voir les hommes s'arrêter devant les sexes féminins offerts à leur regard ; de nombreuses femmes donnent même à cette contemplation un caractère plus intime par le choix de l'épilation qui facilite l'examen du clitoris et des grandes lèvres » (PE 269). Cette épilation, si chère à Houellebecq résulte d'une mode récente, mais bien ancrée : « La tonte, l'épilation totale ou partielle, permanente ou temporaire, de la toison sexuelle féminine tend donc à s'implanter *comme soin de toilette banalisée chez les femmes occidentales*. Les dames "convenables" n'osent déjà plus conserver leur pilosité axillaire. Il pourrait leur devenir impossible de conserver leur pilosité pubienne. Au bénéfice des instituts dits "de beauté"[104] ».

Alors que de façon habituelle les organes féminins sont présentés avec force détails avec une nette propension à la présence de la suppression du système pileux « Elle avait une jolie chatte épilée, avec une fente bien dessinée, pas très longue » (L 55), « Elle avait le sexe épilé » (P 321). La vulve de Jane, bien qu'offerte au regard, reste cachée sous un voile de chasteté métaphorisé par le décor ambiant alentour

---

[104] Gérard Zwang, *Éloge du con. Défense et illustration du sexe féminin*, *op. cit.*, p. 58, souligné dans le texte.

tout en blancheur. Métaphore lui-même de l'isolement de l'homme face à la lactescence immaculée.

Virginité métaphorique qui se retrouve dans plusieurs scènes houellebecquiennes. Par exemple, Michel des *Particules élémentaires* est confronté à la blancheur dans une scène de rêve :

> Ensuite, il vit un mur blanc à l'intérieur duquel se formaient des caractères. Peu à peu ces caractères prirent de l'épaisseur, composant sur le mur un bas-relief mouvant animé d'une pulsation écœurante. D'abord s'inscrivaient le mot « PAIX », puis le mot « GUERRE » ; puis le mot « PAIX » à nouveau. Puis le phénomène cessa d'un seul coup ; la surface du mur redevint lisse. L'atmosphère se liquéfia, traversée par une onde ; le soleil était énorme et jaune. Il vit l'endroit où se formait la racine du temps. Cette racine envoyait des prolongements à travers l'univers, des vrilles noueuses près

du centre, gluantes et fraîches à leur extrémité. Ces vrilles enserraient, ligotaient et agglutinaient les portions de l'espace. (pp. 292-293)

Ce sont aussi parfois des espaces enneigés qui traduisent cette blancheur : « La nuit Michel rêvait d'espaces abstraits, recouverts de neige ; son corps emmailloté de bandages dérivait sous un ciel bas, entre des usines sidérurgiques » (PE 113). Dans *La Possibilité d'une île*, la neige encore apparaîtra en rêve :

> La nuit qui suivit mon premier contact avec Marie23, je fis un rêve étrange. J'étais au milieu d'un paysage de montagnes, l'air était si limpide qu'on distinguait le moindre détail des rochers, des cristaux de glace, la vue s'étendait loin au-delà des nuages, au-delà des forêts, jusqu'à la ligne de sommets abrupts, scintillants dans leurs neiges éternelles. Près de moi, à quelques mètres en

contrebas, un vieillard de petite taille, vêtu de fourrures, au visage buriné comme celui d'un trappeur kalmouk, creusait patiemment autour d'un piquet, dans la neige ; puis, toujours armé de son modeste couteau, il entreprenait de scier une corde transparente parcourue de fibres optiques. Je savais que cette corde était une de celles conduisant à la salle transparente, la salle au milieu des neiges où se réunissaient les dirigeants du monde. Le regard du vieil homme était avisé et cruel. Je savais qu'il allait réussir, car il avait le temps pour lui, et que les fondations du monde allaient s'écrouler ; il n'était animé d'aucune motivation précise, mais d'une obstination animale ; je lui attribuais la connaissance intuitive, et les pouvoirs d'un chaman. (PI 223)

Nous ne traiterons pas ici du statut du rêve dans ces romans, l'ayant déjà analysé ailleurs[105]. Arrivé à l'adolescence, Bruno s'aventurera dans le monde du camping

---

[105] Murielle Lucie Clément, *Michel Houellebecq revisité, op. cit.*, pp. 47-80.

érotique où il fera une tout aussi piètre figure, réduit qu'il sera à l'autosatisfaction solitaire. Comportement qu'il réitérera à l'âge adulte. Bruno restera sa vie durant un contemplateur de vulves toujours inaccessibles. Son isolement relationnel de l'école primaire à sa vie d'enseignant en fera un éternel loser. Misère sexuelle assurée exception faite d'un bref interlude marital. Les relations amicales, pourtant garantes de rencontres, ne sont pas pour lui – pas plus que pour aucun personnage houellebecquien. Son incapacité à évaluer son prochain sur un autre critère que l'apparence physique le pousse en dehors du champ des négociations nécessaires à un échange équilibré et équitable de senti-

La vulve de Jane 181

ments et d'émotions autre que la frustration – sexuelle entre autres. La raison pour laquelle il pense son organe trop petit et inadéquat au trafic sexuel est qu'il se mesure à l'aune des prouesses des acteurs de films X.

Bruno souffre de bovarysme en ce sens qu'il s'échappe dans le rêve, les clichés le peuplant étant sexuels. Cela l'éloigne un peu plus de ce qu'il est et de ce qu'il désirerait atteindre. Bruno n'éprouve aucun plaisir. Aucune dimension existentielle ne se profile au-delà de la contrainte éjaculatoire, aucune dimension de plaisir ne peuple son désir. Totalement prisonnier d'un rêve inaccessible dont il ne connaît plus ni les contours ni la disposition ou la composition, Bruno se déteint dans les replis de son imaginaire limité à une vision tragique, celle de la vulve maternelle aperçue dans son adolescence. Sa quête du bonheur est empreinte d'ennui, de découragement, de dépression, d'apathie pathologique ce qui en détermine à l'avance le fatal échec. Tout comme les autres héros houellebecquiens, Bruno, somme toute, souffre d'un manque d'idéal, son parcours boulimique lui en tient lieu un bon moment :

> Il se stabilisa rapidement autour d'un parcours alimentaire qui descendait le boulevard Saint-Michel. D'abord il commençait par un hot-dog, dans l'échoppe au croisement de la rue Gay-Lussac ; il continuait un peu plus bas par une pizza, parfois un sandwich grec. Dans le McDonald au croisement du boulevard Saint-Germain il engloutissait plusieurs cheeseburgers, qu'il accompagnait

La vulve de Jane 183

de Coca-Cola et de milk-shakes à la banane ; puis il descendait en titubant la rue de la Harpe avant de se terminer aux pâtisseries tunisiennes. En rentrant chez lui il s'arrêtait devant le *Latin*, qui proposait deux films porno au même programme. (PE 188)

Cette randonnée de Bruno métaphorise sa quête identitaire. La métaphore étant « le procédé d'expression considéré comme un transfert d'une notion abstraite dans l'ordre du concret par une sorte de comparaison abrégée ou plutôt substitution[106] », mais sans qu'aucun des éléments introduise explicitement une comparaison. La métaphore est un transfert de sens, une transposition.

---

[106] Jules Marouzeau, « Métaphore », dans *Lexique de la terminologie linguistique*, Paris, P. Geuthner, 3ᵉ édition, 1951.

Métaphore de la quête existentielle, de la recherche d'amour éprouvé pour l'un et l'autre, quête frénétique d'une jouissance sexuelle en contraste avec leurs sentiments – qui devraient être exclusifs – puisqu'elle est partagée avec les visiteurs de Chris et Manu et ses *gang bang*. Avec Christiane, Bruno aura comme Michel avec Valérie une relation « qu'on dira volontiers érotique, puisque libérée de tout pathos comme de toute finalité génésique, mais dont on constate assez vite qu'elle n'est plus qu'une activité hygiénique, répétitive[107] ». Ces relations se concrétisent

---

[107] Alain Roger, « Orginet-Porginet. Fragments d'un discours érotique », dans *Critique Éros 2000, Revue générale des publications française et étrangères*, Juin-Juillet 2000, n° 637-638, p. 504.

fréquemment par des fellations itératives dont les descriptions, dans un langage cru, se dispersent au fil des pages.

*

La masturbation

Terme créé par John Marten en 1710, l'onanisme, une somatisation de la masturbation est une allusion au péché d'Onan de l'Ancien Testament. Il aurait préféré laisser sa semence se perdre en terre au lieu de féconder la veuve de son frère comme l'exigeait la tradition. Bien que le texte biblique ne fasse aucune référence explicite à l'acte masturbatoire, le terme onanisme est employé pour parler de la masturbation, une pratique sexuelle pour procurer le plaisir sexuel par stimulation des parties génitales (parfois aussi de l'anus).

La masturbation 187

L'étymologie provient du latin *masturbari*. En Europe, la masturbation fut longtemps considérée comme une perversion.

S'éloigner du réel alentour – la misère relationnelle – lui incombant, en pratiquant la masturbation, le personnage houellebecquien s'essaie à s'en extraire par la fuite dans le fantasme. Plus que pour assouvir un besoin physique, cette forme de sexualité ne nécessitant aucun partenaire que soi-même, il fait de ce fait l'économie d'entamer les négociations qui le conduiraient au plaisir partagé.

Les héros houellebecquiens sont des adeptes frénétiques de la masturbation à l'exception de Michel des *Particules élémentaires*. Cette occupation remplit une grande part de leurs rapports sexuels : « Puis je me suis masturbé, avec un meilleur succès... (EDLL 113), « J'ai mal dormi ; sans doute me suis-je masturbé » (EDLL 123), « Se masturbait-elle en écoutant du Brahms ? » (PE 18), « Tout en bavardant certains massaient leurs organes sexuels à travers le nylon du string, ou y glissaient un doigt, découvrant les poils pubiens, le début du phallus » (PE 24), « Il avait par deux fois tenté de se masturber » (PE 25), « Elle s'était dévêtue devant lui avant de l'encourager dans sa masturbation » (PE 92), « Il gérait maintenant paisiblement le déclin de sa virilité au travers d'anodines branlettes » (PE 151), « Bruno posa le sac plastique, sortit son sexe et re-

La masturbation

commença à se masturber » (PE 168), « Je me branlais à l'abri de mon bureau » (PE 239), « Je me suis même branlé sur une de ses dissertations » (PE 244), « Puis il arrachait un œil à la vieille femme avant de se masturber dans son orbite saignante » (PE 255), « J'ai fini par sortir ma queue et par me branler sur un clip de rap » (L 36), « Je me branlais avec sérieux » (P 96), « Une masturbation menée d'une main experte » (P 290), « Pour l'instant, quoi qu'il en soit, j'avais besoin d'un repos absolu. J'allais donc à la plage, seul évidemment, je me branlais un petit peu sur la terrasse en matant les adolescentes à poil (moi aussi j'avais acheté un télescope, mais ce n'était pas pour regarder les étoiles, ha ha ha), enfin je gérais » (PI 97). L'énumération pourrait se prolonger.

Nous pensons qu'il faille placer cette activité diégétique dans le cadre référentiel de l'économie encore plus que celui de la sexualité. La raison en est simple. Il s'agit d'un investissement de grand rendement à court terme ; le plus sûr moyen d'accéder à la satisfaction sexuelle avec la plus grande économie de moyens. Sans adopter le point de vue de Pierre Janet quant à la perversion de l'acte, nous insérons cette citation pour sa pertinence par rapport à l'investissement dont il parle :

> Les perversions sexuelles ne portent en réalité que sur cette exploitation des tendances

sexuelles pour en tirer un bénéfice ; ce sont des inventions plus ou moins habiles pour tirer de l'acte sexuel le plus de bénéfice possible avec le moins possible de dépense. C'est une imagination de l'industrie humaine pour réduire les frais d'exploitation. [...] Cette perversion sexuelle s'exerce dans les deux sens ; c'est une exagération de l'acte sexuel et une restriction des dépenses [...]. Les perversions sexuelles existent même chez les hommes ordinaires. C'est une simple perturbation artificielle, soit par l'exagération de telle ou telle partie de l'acte, stimulation, caresses, exhibitionnisme, fétichisme, etc., soit par l'adjonction d'autres tendances qui n'ont rien à voir avec l'acte sexuel, et qui sont de nouvelles occasions de triomphe, tendances à la bataille, à la jalousie, à la cruauté, c'est le sadisme, le masochisme, etc. [...] C'est une restriction des dépenses ; cela s'observe notamment dans un phénomène qu'il faut bien appeler par son nom, la masturbation. L'individu fait des efforts pour retirer de l'acte sexuel tout ce qui est coûteux, pour le réduire à son noyau. Or ce qui est coûteux dans l'acte sexuel, c'est que c'est un acte social. L'individu supprime toutes les difficultés ; il fait l'acte sexuel à lui tout seul. Au point de vue physiologique, c'est absolument le

> même acte, dangereux uniquement par sa trop grande facilité. Il n'a de graves défauts qu'au point de vue de la jouissance ; en supprimant le côté social, notre individu a supprimé la plus grande partie de la jouissance. Il possède toute une construction en rapport avec celle d'un corps étranger ; il doit mobiliser des forces pour la conquête et pour l'accomplissement de l'acte génital. S'il supprime tout cela, notre individu aura moins de dépenses, mais il aura encore moins de triomphe.[108]

En cela, la visite à la prostituée est régie par le même principe ; payer en espèces est un investissement de moindre coût qui dispense de l'investissement émotionnel au même titre que l'onanisme ; tous deux comportent moins de risques relationnels et moins d'efforts qu'une relation sexuelle en partenariat affectif.

---

[108] Pierre Janet, *L'Amour et la haine*, Paris, Maloine, 1932, pp. 266-267.

La masturbation 193

Quoique d'un autre côté, avec la prostitution, il soit quelquefois plus difficile de se procurer le produit recherché comme l'affirme Bruno : « De gros seins un peu flasques, c'était quand même l'idéal pour une bonne branlette espagnole ; mais les putes en général, n'aiment pas ça. Est-ce que ça les énerve de recevoir le sperme sur le visage ? Est-ce que ça demande plus de temps et d'investissement personnel que la pipe ? Toujours est-il que la prestation apparaissait atypique ; la branlette espagnole n'était en général pas facturée, et donc pas prévue, et donc difficile à obtenir » (PE 130). Puisqu'il est impossible de trouver sur place le produit requis, Bruno accepte de se déplacer sans problème : « Par contre, pour une petite chatte enrobée dans une mini-jupe, il se sentait encore prêt à aller jusqu'au bout du monde. Enfin, du moins jusqu'à Bangkok. Treize heures de vol tout de même » (PE 132). Et c'est déjà le spectre du tourisme sexuel qui se profile dans *Les Particules élémentaires*.

Bernard Ferrier, s'exprime ainsi au sujet de la masturbation et sa fonction : « Quiconque se masturbe refuse le figé, le déjà-donné, le "là", le "c'est comme ça et pas autrement". Dépasser la dichotomie mécanique entre "ce qui est réel" (la pensée "réaliste" ne craint ni le pléonasme ni la redondance) et "ce qui n'est pas réel", c'est-à-dire ce qui relève de l'illusion, du rêve, du fantasme – tel est le fondement de la masturbation[109] ». Partagée ou non, la masturbation procure cette part de rêve indispensable à tout humain :

> En effet, la masturbation est ce moment précis où l'individu s'accorde à lui-même le droit aux plaisirs. Je peux me masturber, je peux provoquer en moi suffisamment de désir pour jouir. Et toutes les contraintes, et toutes les humiliations, et toutes les bornes dont on a parsemé mon chemin comme on parsème de tapis rouges un parcours de ministre, tout cela ne m'empêche pas d'avoir droit aux plaisirs auxquels j'aspire. Une telle position ne peut qu'aller contre l'idée du "devoir conjugal" – que saint Augustin appelle joliment "charité conjugale". Selon celle-ci, en effet, "personne ne possède son corps, mais chacun dispose de celui de l'autre". Par la masturbation, l'individu tente de s'approprier ou de se réapproprier son corps en revendiquant un incessible droit au plaisir.[110]

---

[109] Bernard Ferrier, *Un plaisir maudit. Enjeux de la masturbation*, Paris, La Musardine, 2000, p. 20.
[110] *Ibidem*, p. 26.

Un des grands plaisirs sexuels du héros houellebecquien est aussi de pratiquer la masturbation à deux. Ou bien un (ou plusieurs) partenaire le masturbe, ou bien il procure cette caresse à sa partenaire : « Elle me regardait droit dans les yeux, et j'étais dans un tel état que ces seules paroles suffirent à me faire bander. Je crois qu'elle fut émue par cette érection si sentimentale, si humaine ; elle se rallongea près de moi, posa sa tête au creux de mon épaule et entreprit de me branler. Elle prit son temps, serrant mes couilles dans le creux de la paume, variant l'amplitude et la vigueur des mouvements de ses doigts. Je me détendis, m'abandonnant complètement à la caresse » (PI 38), « Elle conti-

La masturbation 197

nuait à branler avec régularité » (P 322), « Elle continua à branler le clitoris de la femme » (P 292), « Je la branlai posément » (P 269), « Tout en continuant à me branler de l'autre main » (P 222), « Mon sexe au creux de sa main » (P 221), « Elle branlait et suçait avec ardeur » (P 116). Les exemples abondent et, en ce sens, cette énumération n'est qu'un simple échantillon illustratif.

La masturbation solitaire se comprend puisque « se masturber, c'est être loin de ce qui excite[111] ». C'est aussi accepter l'éloignement de l'objet du désir, c'est aussi accepter son inaccessibilité dans le réel quotidien pour le rapprocher

---

[111] *Ibidem*, p. 31.

en fantasme : « je ne pourrai jamais caresser/pénétrer/partager les caprices sexuels de/telle ou telle personne, croisée au hasard d'une rue ou d'un magazine. Cette personne, j'en fais un personnage. Je lui fabrique un caractère, une voix, une odeur, une texture, un goût. Je l'invente. Je construis son corps et ses façons de réagir de telle sorte qu'ils ne me déçoivent pas – à moins, bien sûr, que la déception ne participe de ma fantasmatique érotique[112] ». En somme, la masturbation permet d'oublier qu'il s'agit d'un fantasme bien que le masturbant soit conscient de sa participation active dans la construction des éléments de son excitation sexuelle. Il affirme ainsi sa

---

[112] *Ibidem*, p. 40.

La masturbation 199

décision de contrôle sur sa destinée et la certitude de son bon droit aux plaisirs souhaités et, par-là, de l'accessibilité (virtuelle) de l'objet de son désir. Le fait de savoir son fantasme sa propre création n'est donc nullement dérangeant pour le masturbant. Bertrand Perrier voit aussi l'extravagance comme une composante de la masturbation, car : « Elle est *de facto* une caractéristique importante de l'acte. Mais loin d'être la source de sa supposée pauvreté, elle en constitue ce que j'appellerais volontiers sa grandeur, ou du moins son intérêt[113] ».

Malgré cela, il serait inapproprié de taxer le héros houellebecquien

---

[113] *Ibidem*, p. 33.

d'extravagance au sens absolu. S'il est loin d'être un parangon d'équilibre, il n'entre pas moins dans la norme pour ce qui est de son besoin masturbatoire quant à la nature de celui-ci. Peut-être s'en détache-t-il quant à la fréquence du besoin même.

Si se masturber est mettre à distance le réel, fonction de tout fantasme, que penser des personnages qui se masturbent ou se font masturber en présence d'un partenaire très accessible. « Dès lors le fantasme n'est pas à comprendre comme une re-présentation, c'est-à-dire comme une duplication de l'identique de la réalité. Il ne présente pas de nouveau ce qui a été présenté une première fois. Il sublime les contingences, permettant à l'individu qui se masturbe d'avoir accès à des plaisirs qui, s'ils relèvent du "réel", procèdent surtout d'une appropriation du monde qui ne permet plus de le réduire au seul "réel"[114] ». Lorsque Michel se laisse branler par Valérie, il « dépasse son destin, au sens où il s'abstrait des contingences qui, théoriquement, devraient régir son existence[115] », et la masturbation lui procure l'accès à des plaisirs sublimés.

Dans l'œuvre houellebecquienne, ces scènes récurrentes de masturbation démontrent au lecteur la possibilité d'accéder à des plaisirs illimités, de se libérer des contraintes de la doxa qui lui dicte qu'en présence d'un être de sexe opposé dans un

---
[114] *Ibidem*, p. 87.
[115] *Ibidem*.

lieu propice (de préférence un lit), l'être humain doive se lancer dans l'exercice de la pénétration alors qu'une situation de loin plus économique de son énergie pour un plaisir tout aussi puissant réside à portée de main : « La masturbation engage l'essence même de l'individu dans sa relation aux autres et au monde[116] ».

Ainsi Houellebecq laisse-t-il voir que masturbation ne rime pas forcément avec solitude. Elle peut être un choix. La doxa influençant *a priori* la réflexion de tout individu et considérant la masturbation un acte néfaste, la plupart des masturbants ont donc le réflexe de penser leur occupation comme honteuse. Si l'on en croit Bernard

---

[116] *Ibidem*, p. 88.

La masturbation 203

Ferrier : « La masturbation non honteuse, c'est celle qu'on pratique sur l'autre parce qu'elle ressemble à un acte sexuel qu'on aurait tendance à qualifier de "normal", alors qu'il s'agit d'un acte sexuel "normé"[117] ». Après la lecture de Houellebecq et ses nombreuses scènes d'actes masturbatoires, la pensée du lecteur sera peut-être changée à ce sujet. D'où, probablement, aussi la supposition de l'effet transgressif fréquemment attribué à l'écriture houellebecquienne. L'auteur traiterait des sujets sulfureux, voire tabous. Toutefois, parmi ceux-là, l'interdit de parole étant si grand, la critique ne s'est jamais aventurée[118] à

---

[117] *Ibidem*, p. 173.
[118] Exception faite de notre ouvrage : *Houellebecq Sperme et sang*, où nous traitons le sujet.

parler de la masturbation en long et en large, qui est pourtant à l'évidence un des plus grands tabous auquel se confronte l'auteur. Mais, « Le sujet reste difficile à aborder, hors de la simple provocation[119] ». Provocation dont Houellebecq ne peut être accusé de se priver.

Mais, ne nous méprenons pas. L'acte masturbatoire chez Houellebecq correspond aussi à la doxa. En effet, pour elle, celui qui se masturbe est un être indésirable, au sens de non désiré et les héros houellebecquiens sont bien décrits ainsi. Sans attraits physiques particuliers – bien au contraire – pour la plupart, il ne leur reste plus qu'à se masturber : « Dépourvu

---

[119] *Ibidem*, p. 186.

de beauté comme de charme personnel, sujet à de fréquents accès dépressifs, je ne corresponds nullement à ce que les femmes recherchent en priorité » (EDLL 15).

*

In fine

Pour conclure, il faut remarquer la nette propension des personnages houellebecquiens à pratiquer la masturbation. Or, cette dernière est assimilée par la doxa à une sous-pratique sexuelle, un acte non considéré comme celui d'une sexualité épanouie. Le masturbant est généralement vu comme un paria du sexe, un être non désiré. Si la masturbation n'est plus vue comme une pratique rendant fou, originaire de nombreuses maladies physiologiques et psychologiques, elle n'en reste pas moins non avenue et non avouée et sous-évaluée dans la plupart des cas. Un grand nombre de critiques et de journalistes ont nommé les scènes incalculables

In fine 207

de sexe chez Houellebecq, aucun cependant ne s'est aventuré à écrire sur la masturbation.

En décrivant de manière récurrente l'acte masturbatoire, Houellebecq remplit plusieurs fonctions. L'une d'elles est une réhabilitation de l'acte dit solitaire. En effet, les masturbants houellebecquiens ne sont pas tous des êtres répulsifs et incapables de relations, tant s'en faut. Une autre est la démonstration de choix puisque maintes fois la masturbation apparaît dans des scènes où le héros se fait masturber par une partenaire et préfère cela à la pénétration. La masturbation n'étant nullement, alors, un acte préliminaire du jeu amoureux, mais, tout comme la fellation qui lui est fréquemment accouplée, un acte sexuel à part entière. Que l'on songe à Bruno et Christiane, Michel et Valérie... À d'autres moments, il s'agit tout autant d'un choix libérateur, cette fois pour éviter l'érection du désir en présence d'une partenaire potentielle, c'est la situation dans laquelle se place le narrateur d'*Extension du domaine de la lutte* devant la pseudo Véronique dans la discothèque. Pour cette raison, il serait cohérent de voir par les scènes masturbatoires houellebecquiennes une défloraison d'un interdit majeur, d'un tabou, celui qui tient la masturbation prisonnière d'une réputation imméritée la reléguant au domaine du non-dit.

D'un autre côté, que plusieurs héros houellebecquiens préfèrent l'acte manuel à la pénétration de leur partenaire peut être l'affirmation de leur incapacité à performer un autre acte sexuel, d'obtenir la jouissance par l'acte charnel joignant les partenaires autrement que par la main ou la caresse buccale également fortement prisée chez Houellebecq.

En outre, la fellation étant pratiquée en position agenouillée par l'officiant, alors que non seulement il ne s'agit pas de la seule position concevable, qui de plus s'avère nettement inconfortable lors d'un acte prolongé, mais d'une position préférentielle dans l'imaginaire collectif, démontre de la part de l'auteur soit un manque d'imagination – bien qu'il ne soit aucunement tenu dans l'obligation descriptive du Kâma-Sûtra – , soit une courbette genou en terre devant cette même doxa dont l'imaginaire sera d'autant plus titillé que la scène décrite répond à ses critères en la matière, lui présentant une plus grande virtualité d'empathie.

*

De la rencontre chez Houellebecq

La scène de rencontre forme dans le roman en général un point charnière de la diégèse. Il en est de même chez Houellebecq. Or, où habituellement « leurs yeux se rencontrèrent[120] » stabilise le point d'Archimède des quelques lignes – tout au plus quelques pages – de l'intrigue, chez Houellebecq, leurs yeux se rencontrent rarement à la première fois. Le face à face se révèle plus souvent qu'à son tour un face à fesse, ce qui n'empêche nullement la scène inaugu-

---

[120] Cf. la très belle thèse de Jean Rousset et son livre *Leurs yeux se rencontrèrent. La scène de première vue dans le roman*, Paris, José Corti, 1984. Deux ouvrages auxquels je dois beaucoup pour la formulation de ma pensée dans le chapitre présent.

rale de générer de multiples péripéties. Sa mise en place engendre un enchaînement dans le futur, donnant naissance aux digressions où l'un des deux partenaires devient le narrataire. Considérons, par exemple, la première rencontre de Bruno et Christiane.

*

Bruno en visite au *Lieu du changement* se promène solitaire :

> Vers onze heures du soir, il repassa devant le jacuzzi. Au-dessus du doux grondement de l'eau montait une faible vapeur, traversée par la lumière de la pleine lune. Il s'approcha silencieusement. Le bassin avait trois mètres de diamètre. Un couple était enlacé près du bord opposé ; la femme sem-

blait à cheval sur l'homme. "C'est mon droit..." pensa Bruno avec rage. Il retira rapidement ses vêtements, pénétra dans le jacuzzi. L'air nocturne était frais, l'eau par contraste d'une chaleur délicieuse. Au-dessus du bassin, des branches de pin enlacées laissaient voir les étoiles ; il se détendit un peu. Le couple ne faisait aucune attention à lui ; la fille bougeait toujours au-dessus du type, elle commençait à gémir. On ne distinguait pas les traits de son visage. L'homme se mit lui aussi à respirer bruyamment. Les mouvements de la fille s'accélérèrent ; un instant elle se rejeta en arrière ; son visage était dissimulé par la masse de ses cheveux sombres. Puis elle se colla à son compagnon, l'entourant de ses bras ; il respira encore plus fort, poussa un long grognement et se tut. Ils restèrent enlacés deux minutes, puis l'homme se releva et sortit du bassin. Avant de se rhabiller, il déroula un préservatif de son sexe. Avec surprise, Bruno constata que la femme ne bougeait pas. Les pas de l'homme s'éloignèrent, le silence revint. Elle allongea les jambes dans l'eau. Bruno fit de même. Un pied se posa sur sa cuisse, frôla son sexe. Avec un léger clapotis, elle se détacha du bord et vint à lui. Des nuages voilaient maintenant la lune ; la femme était à cinquante centimètres, mais il ne distinguait toujours pas ses traits. Un bras se plaça sous le haut de ses cuisses, l'autre enlaça ses épaules. Bruno se blottit contre elle, le visage à hauteur de sa poitrine ; ses seins étaient petits et fermes. Il lâcha le bord, s'abandonnant à son étreinte. Il sentit qu'elle revenait vers le centre du bassin, puis commençait à tourner lentement sur elle-même. Les muscles de son cou se relâchèrent brusquement, sa tête devint très lourde. La rumeur aquatique, faible en surface, se transformait quelques centimètres plus bas en un puissant grondement sous-marin. Les étoiles tournaient doucement à la verticale de son visage. Il se détendit entre ses bras, son sexe dressé émergea à la surface. Elle déplaça légèrement ses mains, il sentait à peine leur caresse, il était en apesanteur totale. Les longs cheveux frôlèrent son ventre, puis la langue de la fille se posa sur le bout de son gland. Tout son corps frémit de bonheur. Elle referma ses lèvres lentement, très lentement, le prit dans sa bouche. Il ferma les yeux, parcouru de frissons d'extase. Le grondement sous-marin était infiniment rassurant. Lorsque les lèvres de la fille atteignirent la racine de son sexe, il commença à sentir les mouvements de sa gorge. Les ondes de plaisir s'intensifièrent dans son corps, il se sentait en même temps bercé par les tourbillons sous-marins, il eut d'un seul coup très chaud. Elle contractait doucement les parois de sa gorge, toute son énergie afflua d'un seul coup dans son sexe. Il jouit dans un hurlement ; il n'avait jamais éprouvé autant de plaisir. (PE 171-173)

Le lieu globalement décrit, ainsi que la zone temporelle « onze heures du soir », avec le jacuzzi de « trois mètres de diamètre » dépeint l'environnement. Sans romantisme exagéré, le couple en présence est placé dans l'eau d'une « chaleur délicieuse » sous les « branches de pins entrelacées » et les étoiles. En somme, une scène de voyeurisme à ciel ouvert en sa première partie où le sexe et ses avatars sont omniprésents : « il déroula un préservatif de son sexe ». Bruno peut voir beaucoup (et le lecteur avec lui), imaginer peut-être encore plus, mais le visage des deux protagonistes lui reste invisible. Il distingue un homme et une femme aux cheveux sombres. Bruno jouit ente ses lèvres sans avoir une idée ni de la forme de sa bouche, ni de la couleur de ses yeux. La relation de Bruno et Christiane, démarrée sur les chapeaux de roues, offrira à Bruno de nombreuses opportunités d'étaler ses théories sur les années 68 avec l'oreille compatissante de Christiane en destinataire.

Rencontre peu conformiste, avec un portrait psychologique très clair de Christiane en femme prenant l'initiative du rapport sexuel. Femme insatiable selon toute apparence, puisqu'aussitôt après ses ébats avec l'inconnu, elle s'empare de Bruno, surpris de la chance qui lui incombe, ébloui, et jouissant comme jamais auparavant. De l'impression que ce dernier produit sur Christiane, le lecteur ignorera tout. Il y aura, plus tard beaucoup de ses actions, gestes, paroles rapportées par le narrateur, mais de ses émotions, sentiments, rien. Par contre, nous apprendrons qu'elle possède une nature généreuse en ce qui concerne le sexe et fait facilement don de son corps à de parfaits inconnus. Ce qui enchantera Bruno, mais lui sera fatal en dernier ressort.

Le temps est indiqué très précisément, il est onze heures du soir. Nous savons que c'est l'été, la météorologie semble clémente et le ciel est étoilé. La présence d'un tiers au début de la scène n'influencera pas la possibilité de la rencontre de Bruno et Christiane. En les positionnant dans le jacuzzi, Houellebecq, d'ores et déjà, décide du déroulement de la rencontre, mais le lecteur ne le sait pas. L'apparence physique, le portrait de l'homme et de la femme – on ignore à ce moment qu'elle s'appelle Christiane – est laissé dans l'ombre la plus totale. Aucun détail n'est fourni. Seuls leur action et leurs mouvements concomitants sont explicités avec force détails. Pour Bruno, ce ne sera pas la beauté de l'apparition de Christiane qui le subjuguera, mais sa manière de le faire jouir, bien avant qu'il sache de qui il s'agit ou même qu'il ait pu la voir distinctement. Ce portrait n'en sera pas un dans le sens usuel du terme et, pourtant il définira Christiane pour le reste du roman et son attitude dans sa relation avec Bruno. Un coup de foudre hors du commun et se passant hors de toute connaissance oculaire.

Pas de coup d'œil échangé. Pas de présentation. Pas de mise en place par rapport à une classe sociale ou une ethnie quelconque. Tout réside dans le sexe et rien d'autre. Rien ne vient le distraire. L'éloquence, la vraie, se passe de paroles, serions-nous tentée de dire. Message muet, mais non pas insignifiant. Il est compris et assimilé des deux côtés. La distance – physique et virtuelle – entre les deux protagonistes est franchie rapidement, bien avant qu'un quelconque échange ait eu lieu. Aucune réciprocité dans l'acte sexuel n'aura lieu lors de cette première rencontre. Christiane est l'officiante et Bruno le récepteur. Cette rencontre commence dans la plus grande proximité qui soit où toute distance est abolie, tout contact est volupté. La communication s'est établie entre les deux amants sur le mode sexuel et le restera. Après ce bain commun, Bruno ne sera plus ce qu'il était auparavant, semble-t-il. Or, son impossibilité de s'occuper de Christiane devenue invalide lors d'un accident témoignera qu'il n'en est rien.

Cette scène de premier contact reviendra au cours d'un cauchemar traumatisant où la « rumeur aquatique, faible en surface » sera remplacée par « une sourde rumeur de machineries », son sexe dressé à la surface de l'eau deviendra « son œil unique observant l'horizon » et le hurlement de plaisir « sa tête coupée gisant dans une prairie » (PE 55-56). De l'amour entre Christiane et Bruno ? Depuis son enfance, Bruno est attiré par des femmes qui le rejettent constamment. Tout jeune déjà, Caroline Yessayan lui avait fait entrapercevoir une félicité interdite. La main posée sur sa jupe elle l'avait doucement retirée : « Il y avait eu un désir simple de toucher un corps aimant, de se serrer entre des bras aimants » (PE 53). La marque de ce rejet sera indélébile. Toute sa vie, cet instant de honte effroyable reviendra dans ses pensées. Il se déplacera dans un univers froid où les hommes se croisent sans se voir tout en espérant « une chose chaude, que les femmes [ont] entre les jambes » (PE 79) tout en sachant ne pas y avoir accès. Son mariage ne changera rien à l'affaire ni son divorce.

Une lueur d'espoir survient, en effet, avec Christiane. Mais la malédiction s'acharne sur lui. Christiane deviendra invalide à la suite d'un accident des vertèbres et Bruno ne saura ni enclencher la bonne réaction au bon moment ni prononcer les mots nécessaires et construire avec elle ce qui aurait pu devenir un bonheur paisible. Son silence devant le malheur de Christiane, plus éloquent que n'importe quelles paroles, trahira ses sentiments véritables : le rejet d'une invalide à sa sortie d'hôpital : « Elle roula son fauteuil vers lui, elle était encore maladroite – il y avait un coup à prendre, et elle manquait de force dans les avant-bras. Il l'embrassa sur les joues, puis sur les lèvres. "Maintenant, dit-il, tu peux venir t'installer chez moi. A Paris." Elle leva son visage vers lui, le regarda dans les yeux ; il ne parvint pas à soutenir son regard. "Tu es sûr ? demanda-t-elle doucement, tu es sûr que c'est ce que tu veux ?" Il ne répondit pas, du moins, il tarda à répondre » (PE 307-308). Détail cruel, l'accident de Christiane surviendra alors qu'elle fait découvrir à Bruno les délices des boîtes échangistes.

La mise en scène présente une grande différence lorsque Bruno relate sa rencontre avec sa femme sur laquelle le lecteur apprendra très peu :

> "J'ai rencontré Anne en 1981, poursuivit Bruno avec un soupir. Elle n'était pas tellement belle, mais j'en avais marre de me branler. Ce qui était bien quand même, c'est qu'elle avait de gros seins..." Il soupira de nouveau, longuement. "Ma BCBG protestante aux gros seins" ; à la grande surprise de Michel, ses yeux se mouillèrent de larmes. "Plus tard ses seins sont tombés, et notre mariage s'est cassé la gueule lui aussi. J'ai foutu sa vie en l'air. C'est une chose que je n'oublie jamais : j'ai foutu en l'air la vie de cette femme. Il te reste du vin ?" (PE 212)

Toujours cette chute typiquement houellebecquienne qui empêche de tomber dans le pathos.

*

Il est intéressant de noter l'explication du narrateur d'*Extension du domaine de la lutte* sur les rencontres et leurs effets sur sa personne :

> Pour ma part, c'est toujours avec une certaine appréhension que j'envisage le premier contact avec un nouveau client : il y a là différents êtres humains, organisés dans une structure donnée, à la fréquentation desquels il va falloir s'habituer ; pénible perspective. Bien entendu l'expérience m'a rapidement appris que je ne suis appelé qu'à rencontrer des gens sinon exactement identiques, du moins tout à fait similaires dans leurs coutumes, leurs opinions, leurs goûts,

> leur manière générale d'aborder la vie. Il n'y a donc théoriquement rien à craindre, d'autant que le caractère professionnel de la rencontre garantit en principe son innocuité. Il n'empêche, j'ai également eu l'occasion de me rendre compte que les êtres humains ont souvent à cœur de se singulariser par de subtiles et déplaisantes variations, défectuosités, traits de caractère et ainsi de suite – sans doute dans le but d'obliger leurs interlocuteurs à les traiter comme des individus à part entière. Ainsi l'un aimera le tennis, l'autre sera friand d'équitation, un troisième s'avèrera pratiquer le golf. Certains cadres supérieurs raffolent des filets de hareng ; d'autres les détestent. Autant de destins, autant de parcours possibles. Si le cadre général d'un "premier contact clientèle" est donc nettement circonscrit, il demeure donc toujours, hélas, une marge d'incertitude. (EDLL 21).

Ce premier contact que, de toute évidence et avec une solide argumentation, le narrateur redoute presque, bien que se déroulant dans un cadre professionnel, pourrait donner suite à une aventure amoureuse, amicale ou autre si le narrateur n'excluait d'emblée ces possibilités.

Lors de sa première entrevue avec Catherine Lechardoy, dans le bureau 6017 précise-t-il, toutes ses craintes seront confirmées : « Catherine Lechardoy confirme dès le début toutes mes appréhensions. Elle a 25 ans, un BTS informatique, des dents gâtées sur le devant ; son agressivité est étonnante : "Espérons qu'il va marcher, votre logiciel ! Si c'est comme le dernier qu'on vous a acheté... une vraie saleté. Enfin évidemment ce n'est pas moi qui décide ce qu'on achète. Moi je suis la bobonne, je suis là pour réparer les conneries des autres..." etc. » (EDLL 26). Cette première mise en présence est loin de suggérer un amour naissant ni même un rapport convivial dans la professionnalité. Le narrateur termine son portrait par quelques mots bien ajustés : « Elle n'est vraiment pas très jolie. En plus de ces dents gâtées, elle a des cheveux ternes, des petits yeux qui brillent de rage. Pas de seins ni de fesses perceptibles. Dieu n'a vraiment pas été très gentil avec elle » (EDLL 28).

Alors que généralement la scène du portrait en est une de beauté, Houellebecq s'attarde avec plaisir sur l'air revêche et peu plaisant de Catherine Lechardoy. Jeune, mais des dents gâtées sur le devant. Un comble à l'époque actuelle où la parodontologie et l'hygiène dentaire – sans compter les publicités souriant à toutes sortes de produits – exigent une dentition éblouissante. Et, en supplément, ses cheveux laissent plus qu'à désirer. Lechardoy, décidément, n'a que faire des messages publicitaires. L'accent est mis, en revanche, sur son caractère exécrable que laissent supposer ses petits yeux qui « brillent de rage ». La description de Catherine Lechardoy inclut d'emblée tous – ou presque – les détails excluant l'amorce d'une relation autre que purement professionnelle. Il n'y a pas de rencontre sans un minimum d'élan vers l'autre et les paroles proférées par la dame semblent à l'avenant de son caractère esquissé. Ainsi le lecteur n'est-il pas le moins du monde surpris de la clôture de la rencontre :

> Je n'éprouvais aucun désir pour Catherine Lechardoy ; je n'avais nullement envie de la *troncher*. Elle me regardait en souriant, elle buvait du Crémant, elle s'efforçait d'être courageuse ; pourtant, je le savais, elle avait tellement besoin d'être *tronchée*. Ce trou qu'elle avait au bas du ventre devait lui apparaître tellement inutile. Une bite, on peut toujours la sectionner ; mais comment oublier la vacuité d'un vagin ? Sa situation me semblait désespérée, et ma cravate commençait à me serrer légèrement. Après mon troisième verre, j'ai failli lui proposer de partir ensemble, d'aller baiser dans un bureau ; sur le bureau ou sur la moquette, peu importe ; je me sentais prêt à accomplir les gestes nécessaires. Mais je me suis tu ; et au fond je pense qu'elle n'aurait pas accepté ; ou bien j'aurais d'abord dû enlacer sa taille, déclarer qu'elle était belle, frôler ses lèvres dans un tendre baiser. Décidément, il n'y avait pas d'issue. Je m'excusai brièvement, et je partis vomir dans les toilettes. (EDLL 46-47)

De la rencontre chez Houellebecq 231

Contact interdit pour les deux protagonistes mis en présence par deux fois. Nul désir chez eux de posséder l'autre, leur rencontre peut paraître saugrenue, mais elle n'est en fait qu'un signe de séparation.

*

Tout sera différent dans *Plateforme* et la rencontre de Michel et Valérie, qui pourtant n'augure de même rien de bon au départ.

> Je fixai discrètement mon attention sur la jeune femme : elle avait de longs cheveux noirs, un visage je ne sais pas, un visage qu'on pouvait qualifier de *modeste* ; ni belle ni laide, à proprement parler. Après une réflexion brève, mais intense, j'articulai péniblement : "Vous n'avez pas trop chaud ? –

> Non non, dans l'autocar ça va" répondit-elle très vite, sans sourire, juste soulagée que j'ai entamé la conversation. Ma phrase était pourtant remarquablement stupide : on gelait, dans cet autocar. "Vous êtes déjà venu en Thaïlande ? enchaîna-t-elle avec à-propos. – Oui, une fois." Elle s'immobilisa dans une attitude d'attente, prête à écouter un récit intéressant. Allais-je lui raconter mon précédent séjour ? Peut-être pas tout de suite. "C'était bien..." dis-je finalement, adoptant une voix chaude pour compenser la banalité du propos. Elle hocha la tête avec satisfaction. Je compris alors que cette jeune femme n'était nullement soumise à Josiane, elle était simplement soumise *en général*, et peut-être tout à fait prête à se chercher un nouveau maître ; elle en avait peut-être déjà assez, de Josiane – qui deux rangées devant nous, feuilletait son *Guide du Routard* avec fureur en jetant des regards mauvais dans notre direction. Romance, romance.
> (P 49-50)

Au premier abord, l'opinion du narrateur sur Valérie est loin d'être positive. La suite s'avèrera assez conforme à cette

De la rencontre chez Houellebecq 233

première impression : « elle était simplement soumise *en général*, et peut-être tout à fait prête à se chercher un nouveau maître ». De toute évidence et considérant le développement ultérieur de la relation amorcée lors de cette première rencontre, le narrateur deviendra une sorte de maître pour Valérie qui exécutera tous ses fantasmes et caprices sexuels. Ce qui n'est pas pour surprendre. N'avait-il pas dès cette première fois remarqué en son fors intérieur : « Elle devait avoir une bouche bien chaude, prompte à avaler le sperme d'un ami véritable » et de conclure après son incapacité à soutenir un tantinet de conversation avec elle : « […] elle n'était pas exigeante, c'était vraiment une brave fille » (P 51). Le narrateur se précipitera tout de même à l'arrivée du car au bar de l'hôtel, préférant la compagnie de l'alcool à celle de la jeune femme. La relation semble très mal engagée. Et, en effet, Michel et Valérie n'auront d'autres rapports que de courtoisie amicale tout au long de ce séjour vacancier.

Comme le plus souvent en littérature, chez Houellebecq, la scène de première rencontre donne lieu à des péripéties, bien qu'elle soit peu conforme à ce que l'on en attend fréquemment. Pas de passion soudaine entre Michel et Valérie, mais un contact réitéré qui portera à maturation une certaine relation paraissant impossible au départ. Michel, plus que réticent lors de cette première rencontre, pivote vers l'appréciation positive à la potentialité de partenariat sexuel avec Valérie à l'idée qu'elle puisse être une « avaleuse ». On peut s'interroger sur l'authenticité de ses sentiments ultérieurs. Est-ce de l'amour ou bien le confort d'une partenaire répondant à ses fantasmes ? Nous laisserons cette question en suspens, notre but étant autre.

Toujours est-il, les effets négatifs premiers s'opposent à une adhésion diligente et que « la fusion ultime » n'aura pas lieu lors du premier séjour en Thaïlande. Michel y poursuivra la fréquentation des prostituées thaïes. Toutefois, après l'attentat qui cause la mort de Valérie, Michel ne prétendra pas avoir gâché son temps pour une femme qui n'était « même pas son genre ». Tout avait commencé par un échec, une tentative avortée de conversation et Michel qui, tout compte fait (c'est le cas de le dire) préférait l'amour prestataire et rétribué.

*

La rencontre de Valérie et Michel donnant bien malgré tout et, contre toute attente, suite à une liaison entre les protagonistes, celle de Daniel1 et Isabelle donnera pareillement naissance à un rapport, mais celui-ci sera presque immédiat.

> L'entretien eut lieu dans ma loge, après un spectacle qu'il faut bien qualifier de *triom-*

phal. Isabelle était alors rédactrice en chef de *Lolita*, après avoir longtemps travaillé pour *20 Ans*. Je n'étais pas très chaud pour cette interview au départ ; en feuilletant le magazine, j'avais quand même été surpris de l'incroyable niveau de pétasserie qu'avaient atteint les publications pour jeunes filles : les tee-shirts taille dix ans, les shorts blancs moulants, les strings dépassant de tous les côtés, l'utilisation raisonnée des Chupa-Chups… tout y était. "Oui, mais ils ont un positionnement bizarre…" avait insisté l'attachée de presse. "Et puis, le fait que la rédactrice en chef se déplace elle-même, je crois que c'est un signe…". Il y a paraît-il des gens qui ne croient pas au *coup de foudre* ; sans donner à l'expression son sens littéral, il est évident que l'attraction mutuelle est, dans tous les cas, très rapide ; dès les premières minutes de ma rencontre avec Isabelle, j'ai su que nous allions avoir une histoire ensemble, et que ce serait une histoire longue ; j'ai su qu'elle en avait elle-même conscience. Après quelques questions de démarrage sur le trac, mes méthodes de préparation, etc., elle se tut. Je feuilletais à nouveau le magazine. (PI 31-32)

Et le narrateur confie l'épisode suivant se déroulant pendant le dîner : « Naturellement, comme dans toutes les histoires sérieuses, nous avons couché ensemble dès la première nuit. Au moment de se déshabiller, elle eut un petit moment de gêne, puis de fierté : son corps était incroyablement ferme et souple. C'est bien plus tard que je devais apprendre qu'elle avait trente-sept ans : sur le moment je lui en donnai, tout au plus, trente » (PI 33). Daniel1 et Isabelle resteront plusieurs années ensemble et finiront par se séparer. Le narrateur rencontre Esther.

*

L'histoire de Daniel1 et Esther diffèrera des autres liaisons houellebecquiennes. Il s'agit d'un homme, la quarantaine passée, qui tombe amoureux d'une fille de trente ans sa cadette. Leur rencontre première est peu banale, bien que le narrateur affirme : « Si l'on s'en tient aux circonstances, le début de notre histoire fut d'une banalité extrême. J'avais quarante-sept ans au moment de notre rencontre, et elle vingt-deux. J'étais riche, elle était belle » (PI 174). La rencontre, « la plus grande histoire d'amour » de sa vie comme il la classe lui-même, débute en visionnant des DVD : « De manière prévisible, convenue, et même si l'on veut vulgaire » (PI 175). Seulement, il ne s'agit pas de visionnement à deux. Le narrateur est seul. Et Esther sur le clip. Voilà pour la banalité, le prévisible et le convenu. Daniel1 devra regarder le DVD une seconde fois pour être certain de ce qu'il voit :

> Elle était nue, debout, dans une pièce assez peu définissable – sans doute l'atelier de l'artiste. Dans la première image, elle était éclaboussée par un jet de peinture jaune – celui qui projetait la peinture était hors champ. On la retrouvait ensuite allongée au milieu d'une mare éblouissante de peinture jaune. L'artiste – on ne voyait que ses bras – versait sur elle un seau de peinture bleue, puis l'étalait sur son ventre et sur ses seins ; elle regardait dans sa direction avec un amusement confiant. Il la guidait en la prenant par la main, elle se retournait sur le ventre, il versait à nouveau de la peinture au creux des reins, l'étalait sur son dos et sur ses fesses ; ses fesses bougeaient, accompagnaient le mouvement des mains. Il y avait dans son visage, dans chacun de ses gestes une innocence, une grâce sensuelle bouleversantes. (PI 176)

Là, nulle rencontre bilatérale, tout se passe dans l'unilatéralité du salon de Daniel1 devant un plat de *Arroz Tres Delicias* arrosé de « purée de piments Suzi Weng ».

Le cinéma ou un DVD ou la télévision sont des lieux où la distance interposée entre le spectateur et l'acteur est radicale. La communication y est unilatérale de l'acteur vers le récepteur de l'image. Dans le cas présent, tout le DVD est vu, à l'aide de l'ekphrasis, par le lecteur en même temps que Daniel1, instantanément séduit, le découvre, bouleversé par la grâce et l'innocence d'Esther. Il s'agit bien d'une première entrevue au sens littéral, mais est-ce vraiment une rencontre ? Le

DVD a été conçu par l'artiste – dont seules les mains sont visibles, lui-même restant hors champ – sans prendre Daniel1 en considération. Au moment des prises de vue, Esther ignore l'existence de Daniel1 chez qui elle provoque tant de remous. Réalisé en tant que petit film promotionnel, le DVD a été copié à plusieurs exemplaires et envoyé aux agents, producteurs, metteurs en scène... et Daniel1 est l'un d'eux. Aucune communication, donc, au départ entre Esther et lui. Aucun échange direct si ce n'est unilatéral, la distance entre le spectateur et la scène représentée sur le DVD ne pouvant être annulée. Toutefois, un courant passe. À partir de cet instant, Daniel1 sera porté par son désir d'Esther. La rencontre *in vivo* est différée de quelques lignes, mais c'est celle avec le DVD qui préfigure au second contact d'où surgira une liaison dont Daniel1 anticipe déjà l'inéluctabilité :

> J'ai regardé l'extrait dix fois de suite : je bandais, c'est certain, mais je crois que j'ai compris beaucoup de choses, aussi, dès ces premières minutes. J'ai compris que j'allais aimer Esther, que j'allais l'aimer avec violence, sans précaution ni espoir de retour. J'ai compris que cette histoire serait si forte qu'elle pourrait me tuer dès qu'Esther cesserait de m'aimer parce que quand même il y a certaines limites, chacun d'entre nous a beau avoir une certaine capacité de résistance on finit tous par mourir d'amour, ou plutôt d'absence d'amour. Oui, bien des choses étaient déjà prédéterminées dès ces premières minutes, le processus était déjà bien engagé. Je pouvais encore l'interrompre, je pouvais éviter de rencontrer Esther, détruire le DVD, partir en

voyage très loin, mais en pratique j'appelai son agent le lendemain. (PI 175-177)

La relation se terminera dans une banalité au plus haut point par l'abandon de Daniel1 par Esther pour un garçon de son âge. Si le détour audiovisuel a permis la rencontre, il l'a faussé dès le départ. Mais l'élan narratif est propulsé, plus rien ne saurait l'arrêter avant la fin. Il suffit pour le voir de prendre en compte le paragraphe suivant sur le rendez-vous et son issue : « "Maybe it's better…" dit-elle ; puis elle posa une main sur mon sexe. En enfonçant sa tête au creux de mon épaule, elle pressa doucement la bite entre ses doigts » (PI 179).

*

Quant à la rencontre du narrateur et de Pam et Barbara dans *Lanzarote*, elle est tout à fait ordinaire, se déroulant en deux temps, et ne présageant en rien le déroulement qui s'ensuivra : « Deux Allemandes en salopette s'étaient aventurées sur la surface rocheuse ; elles progressaient avec difficulté, malgré leurs épaisses Pataugas. Le chauffeur klaxonna à plusieurs reprises ; elles rejoignirent le véhicule en se dandinant lentement, comme deux gros elfes » (L 23). « J'appris que les Allemandes se prénommaient Pam et Barbara, le Belge Rudi » (L 25). Nous rapprochons à dessein ces deux fragments.

*

En somme

À chaque fois différente, la rencontre répond pourtant bien au modèle des classiques. Dans *Extension du domaine de la lutte*, elle n'aboutira à rien. Moment d'aversion qui emmènera le narrateur dans le vomitif. À l'envers de toute mécanique narrative usuelle, le premier contact avec Catherine Lechardoy ne mène à rien de positif, aucune relation ne découlera de cet échange rébarbatif. Aucune transformation ou mutation. Coup de maître houellebecquien que de briser les codes romanesques usuels sinon établis et, par là même, l'éventuelle attente du lecteur, sensibilisé par ses précédentes lectures de scènes de première rencontre.

Le premier regard entre Christiane et Bruno n'en est pas un à proprement parler. Ils ne se voient pas. Cependant, l'échange est soudain, l'effet foudroyant pour Bruno. Bien que les moyens utilisés par l'auteur soient surprenants, la rencontre est immédiate et correspond dans sa forme (une femme, pour ainsi dire, voilée par l'ombre) et son contenu assez bien aux critères de première mise en présence.

Valérie et Michel reproduisent à la Houellebecq, l'histoire de Swann et Odette de Crécy ! Une femme, qui ne l'attire pas au début, devient l'amante de Michel. Par rapports réitérés, le rapprochement se fait et débouche sur une relation – sexuelle – d'un certain équilibre. Avec ses effets négatifs, commençant d'une façon similaire à la rencontre du narrateur et de Catherine Lechardoy, elle mutera en liaison, au contraire de celle-là.

Ce sont les scènes de rencontre dans *La Possibilité d'une île* qui sont, avec leur saisissement immédiat, le plus conventionnelles. Peut-être une des raisons pour laquelle la critique trouve ce roman plus faible de composition, moins houellebecquien, moins surprenant, plus banal, avec moins de dérogations aux lois et aux codes du genre. Sans surprise en fait.

Chez Houellebecq, la rencontre – comme le reste – est mise à nu. Claire, elle, semble sans besoin de déchiffrement. Toutefois, on peut s'interroger. Que cachent ces premiers contacts à l'aimantation irrésistible aboutissant tous – sans exception – à une relation sexuelle – ou la négation du sexe – plus ou moins brutalement. Échanges conformistes de la formule houellebecquienne très souvent assimilés à une philosophie. Les acteurs paraissent très conscients et sans ignorance, comme s'ils connaissaient d'avance les règles du jeu – houellebecquien, cela s'entend. Devoir arriver au sexe, car c'est l'épine dorsale de la narration où se greffent quelques digressions économiques, sociales, politiques... Le sexe, capture infaillible, n'a qu'une signification : faire passer le message. De ces conjonctions, déterminisme sexuel et digressions – naissent les nœuds narratoires.

*

Attouchements des interdits majeurs et mineurs

Hors du périmètre des pratiques sexuelles, l'expérimentation majeure ou mineure est délimitée par des normes sociétales. Les tabous imposés par les lois et la doxa ne supportant pas la transgression restent le crime, l'inceste et le viol. Ceux-ci ayant bien longtemps avant été déflorés par ses prédécesseurs, Houellebecq, en règle générale, ne fait qu'effleurer certains interdits doxiques dans une pensée tout ce qu'il y a de plus androcentrique. Par exemple, dans *Plateforme*, la pédophilie ne rebute pas Jean-Yves, il en est à peine conscient. Eucharistie, la baby-sitter de quinze ans, avec qui il a des rapports sexuels, a connu d'autres hommes ou du moins un homme avant lui, ce qui, dans son optique, justifie son comportement : « Il n'était pas le premier homme d'Eucharistie, elle avait déjà eu un garçon l'année passée, un type de terminale qu'elle avait perdu de vue par la suite » (P 302). Il voit dans leurs rapports, comme tout pédophile, une relation raisonnable : « En somme leur relation, se disait-il avec une étrange sensation de relativisme, était une relation *équilibrée* ». Cette situation l'amène à réfléchir au sujet de sa fille. Il est heureux qu'elle soit encore trop jeune, car l'inceste lui aurait paru coulant de source : « C'était quand même une chance qu'il n'ait pas eu de fille en premier ; dans certaines conditions, il voyait difficilement comment – et, surtout, *pourquoi* – éviter l'inceste ». Pour Jean-Yves, *la filiation n'a aucun sens*. Tout d'abord, il pense à l'inceste et a ensuite la « révélation d'une impasse » avec la « confusion des générations » (P 303). De cette scène, il ressort que la transgression incestueuse se renverse chez Houellebecq. Du fils à la mère dans *Les Particules élémentaires*, elle passe du père à la fille dans *Plateforme*. Toutefois, cette transgression d'un interdit majeur, l'auteur l'adoucit par l'entremise justificatrice de son narrateur : cette jeune fille a eu d'autres relations, donc il ne s'agit pas d'une vierge, donc la souillure est inexistante dans le raisonnement diégétique.

Un autre cas de pédophilie assumée est présenté dans *Lanzarote*. Dans une lettre, Rudi, le commissaire de police belge s'insurge contre le processus de dégradation qui atteint la société belge. Il considère que l'islam offre des solutions « monstrueuses et rétrogrades » (L 68-69). Il omet de parler de son appartenance à un réseau pédophile qui organise des orgies. Lorsque le scandale éclate, il fait partie des prévenus et ne montre aucun remords de sa conduite : « Sans doute à cause de son physique de pédophile type, Rudi était souvent interrogé par les journalistes aux sorties d'audience. Il semblait s'y être habitué ; il répondait poliment, avec bienveillance. Était-il conscient des peines qu'il encourait ? Oui, tout à fait ; mais il ne regrettait rien. Il avait confiance dans la justice de son pays. Il n'éprouvait aucun remords. "Je n'ai jamais fait que le bien autour de moi… " disait-il » (L 85).

Que Rudi n'éprouve pas de remords et porte un jugement différent sur ses actes que la justice, est compréhensible dans la diégèse. Tout criminel se comporterait de même le plus souvent. Ce qui reste beaucoup plus contestable du point de vue de l'éthique sociétale est le narrateur n'émettant aucun jugement sur la pédophilie, aucune désapprobation. Nullement avare de commentaires sur tous les sujets possibles à l'ordinaire, il reste coi en l'occurrence et se garde même de rapporter ou même de s'enquérir du verdict judiciaire : « Le procès traînait en longueur, surtout en raison du grand nombre de plaignants et de parties civiles. Cette année-là, je m'inscrivis pour un circuit *Nouvelles Frontières* en Indonésie. Je quittai Paris pour Denpasar le 27 janvier. Je n'étais pas là au moment du verdict » (L 85). Du point de vue narratif, cela se tient. Le tout est cohérent. Mais pourquoi le narrateur ne peut-il rapporter le verdict, même éloigné de France ? Les journaux de la presse internationale sont en vente en Indonésie. Nous voyons ici une grande ambiguïté sur la position du narrateur, et par-là même, de l'auteur, au sujet de la pédophilie.

*

Les Particules élémentaires charroie des effluves de cannibalisme lorsqu'à sa mort, Di Meola senior est incinéré en plein air. Il ne reste de lui que son crâne avec ses orbites visibles au milieu des chairs mal consumées. Christiane raconte l'anecdote à Bruno :

> Il est mort à la tombée de la nuit. Il avait demandé qu'un bûcher funéraire soit dressé au sommet de la colline. On a tous ramassé des branchages, puis la cérémonie a commencé. C'est David qui a allumé le bûcher funéraire de son père, il avait une lueur plutôt bizarre dans les yeux. Je ne savais rien

Attouchements des interdits majeurs et mineurs

de lui, sinon qu'il faisait du rock ; il était avec des types plutôt inquiétants, des motards américains tatoués, habillés de cuir. J'étais venue avec une copine, et la nuit tombée on n'était pas tellement rassurées. Plusieurs joueurs de tam-tam se sont installés devant le feu et ont commencé lentement, sur un rythme grave. Les participants se sont mis à danser, le feu chauffait fort, comme d'habitude ils ont commencé à se déshabiller. Pour réaliser une crémation, en principe, il faut de l'encens et du santal. Là on avait juste ramassé des branches tombées, probablement mélangées avec des herbes locales – du thym, du romarin, de la sarriette ; si bien qu'au bout d'une demi-heure l'odeur s'est mise à évoquer exactement celle d'un barbecue. C'est un copain de David qui a fait la remarque – un gros type en gilet de cuir, aux cheveux longs et gras, avec des dents manquantes sur le devant. Un autre, un vague hippie, a expliqué que chez beaucoup de tribus primitives la manducation du chef disparu était un rite d'union extrêmement fort. L'édenté a hoché la tête et s'est mis à ricaner. [...] J'ai senti que les choses risquaient de dégénérer gravement, je suis partie me coucher en vitesse. [...] je suis retournée vers le bûcher. Ils

> étaient encore une trentaine qui dansait complètement nus, sous la pluie. Un type m'a attrapé brutalement par les épaules, il m'a traînée jusqu'au bûcher pour me forcer à regarder ce qui restait du corps. On voyait le crâne avec ses orbites. Les chairs étaient imparfaitement consumées, à moitié au sol, cela formait comme un petit tas de boue. (PE 253-254).

Toute la scène est relatée dans une sorte de trente-sixième degré puisque ce sont Bruno et Christiane qui ne font que raconter ce qui s'est passé des années auparavant. De ce fait, le cannibalisme est simplement évoqué sans être pratiqué par les protagonistes.

« Les motards tatoués », une image engendrant la crainte des bonnes gens et pour faire bonne mesure, Houellebecq dénonce les herbes aromatiques mêlées par inadvertance aux branchages ce qui procure l'idée du barbecue cannibale avec l'évocation de la manducation du chef (petit clin d'œil à Freud et *Totem et Tabou*). Pour accentuer l'idée, Christiane révèle sa crainte de l'envenimement des choses, le dérapage possible, laissé à l'imagination du lecteur.

*

La maltraitance d'enfant, crime inacceptable dans toute société, est évoquée pour charger directement la mère des deux demi-frères. Michel, réduit à vivre comme un petit animal mal soigné dans une cage, est découvert par son père qui n'en croit pas ses yeux : « Dans une chambre à l'étage régnait une puanteur épouvantable ; le soleil pénétrant par la baie vitrée éclairait violemment le carrelage noir et blanc. Son fils rampait maladroitement sur le dallage, glissant de temps en temps dans une flaque d'urine ou d'excréments. Il clignait des yeux et gémissait continuellement. Percevant une présence humaine, il tenta de prendre la fuite. Marc le prit dans ses bras ; terrorisé, le petit être tremblait entre ses mains » (PE 40). La puanteur épouvantable contraste violemment avec le soleil qui apporte la lumière. Cependant, le soleil n'éclaire pas la scène de ses rayons, il ne la réchauffe pas de sa chaleur, il n'est que violence crue et illumine à flots le damier du destin du petit Michel condamné à se mouvoir maladroitement parmi les flaques d'urine et d'excréments comme il le sera plus tard parmi les écueils de la vie. Un petit être aveuglé, dans l'incapacité de subvenir à ses besoins, abandonné à lui-même. Pire, il est terrorisé et tente de s'enfuir comme un animal pris au piège à l'approche d'un adulte, ce qui suggère des sévices corporels sérieux infligés précédemment. Par ailleurs, l'abject du comportement de Janine réside plus dans le résultat de sa méthode d'éducation étalée sous les yeux du lecteur que de son comportement proprement dit qui n'est pas formellement décrit, mais implicitement suggéré.

Toujours dans *Les Particules élémentaires*, la putréfaction flirte avec un relent de nécrophilie présentant le cadavre – tout destin humain – comme entouré de petites fées exotiques. Bruno admire le cercueil. Même plus tard en apprenant l'existence des acariens, l'image de cette mort restera heureuse. Le lecteur se souvient de l'enfant dans le lit de sa grand-mère avec l'envie de la poignarder.

> Sous nos climats, un cadavre de mammifère ou d'oiseau attire d'abord certaines mouches (*Musca, Curtonevra*) ; dès que la décomposition le touche un tant soit peu, de nouvelles espèces entrent en jeu, notamment les *Calliphora* et les *Lucilia*. Le cadavre, sous l'action combinée des bactéries et des

sucs digestifs rejetés par les larves, se liquéfie plus ou moins et devient le siège de fermentations butyriques et ammoniacales. Au bout de trois mois, les mouches ont terminé leur œuvre et sont remplacées par l'escouade des coléoptères du genre *Dermestes* et par le lépidoptère *Aglossa pinguinalis*, qui se nourrissent surtout des graisses. Les matières protéiques en voie de fermentation sont exploitées par les larves de *Piophila petasionis* et par les coléoptères du genre *Corynetes*. Le cadavre, décomposé et contenant encore quelque humidité, devient ensuite le fief des acariens, qui en absorbent les dernières sanies. Une fois desséché et momifié, il héberge encore des exploitants : les larves attagènes et des anthrènes, les chenilles d'*Aglossa cuprealis* et de *Tineola bisellelia*. Ce sont elles qui terminent le cycle. (PE 51)

*

Le suicide aussi se profile nettement dans le même roman. S'il ne fait pas partie des interdits du discours, il est néanmoins sujet à caution dans la société contemporaine. Celui d'Annabelle est clair et net et ne laisse aucun doute sur les intentions de la jeune femme : « Vers trois heures du matin elle se leva, enfila une robe de chambre et descendit à la cuisine. En fouillant dans le buffet, elle trouva un bol, gravé à son prénom, que sa marraine lui avait offert pour ses dix ans. Dans le bol elle pila soigneusement le contenu de son tube de Rohypnol, ajouta un peu d'eau et de sucre. Elle ne ressentait rien, sinon une tristesse d'ordre extrêmement général, presque métaphysique » (PE 348). On pourrait tout autant évoquer ceux présumés de Christiane, Raphaël, Michel ou même celui de Daniel25.

Attouchements des interdits majeurs et mineurs

*

Sans être un interdit en soi, l'absence de bienséance et les vomissements publics et privés réitérés des personnages permettent de « dépasser les bornes ». Lorsque Michel vomit, le lecteur ressent ses crispations et sympathise avec lui. De même, il frémit des haut-le-cœur du narrateur d'*Extension du domaine de la lutte* qui a vomi sur la moquette dans son sommeil : « En me réveillant, je me suis rendu compte que j'avais vomi sur la moquette. La soirée touchait à sa fin. J'ai dissimulé les vomissures sous un tas de coussins » (EDLL 7). Il répugne à le voir dissimuler l'abjection sous des coussins. Les spasmes intérieurs protègent et donnent la force de continuer la lecture. Le même processus entre en jeu devant le cannibalisme quand John di Giorno organise ses « avortement-parties [où] [a] près l'opération le fœtus [est] broyé, malaxé, mélangé à de la pâte à pain pour être partagé entre les participants » (PE 258). Ou quand il « castrait le bébé à l'aide d'un couteau-scie, [...] puis mastiquait ses globes oculaires » (PE 258-259). Le cannibalisme ne nous est acceptable que lorsque nous buvons le sang et mangeons le corps du Christ au cours de la messe.

*

Attouchements des interdits 269
majeurs et mineurs

Et, parmi l'un des interdits majeurs, le racisme de plusieurs personnages dissimulé sous une évidence narrative apparaît comme un indice de caractérisation. Dans *Extension du domaine de la lutte*, l'homme à abattre est un Noir, un métis plus exactement. Dans son essai *H.P. Lovecraft*, Houellebecq explique fort bien la raison d'une telle précision raciale : « [qui] s'intègre parfaitement à son [celui de Lovecraft] racisme obsessionnel ; pour lui, comme pour tous les racistes, l'horreur la plus absolue, plus encore que les autres races, c'est le métissage[121] ». Comme nous l'avons démontré dans *Houellebecq,*

---

[121] Michel Houellebecq, *H.P. Lovecraft*, Le Rocher, 1990, p. 140.

Sperme et sang, le narrateur d'*Extension du domaine de la lutte* est en fait une prolongation du personnage de H.P. Lovecraft mis en scène par Houellebecq dans *H.P. Lovecraft*.

Dans *Les Particules élémentaires*, Bruno hait les Noirs. Dans les deux cas, le narrateur parle péjorativement de « nègres » qui restent une victime potentielle vers qui la haine est dirigée. Dans *Plateforme*, les « nègres » du narrateur de Houellebecq émergent de leur anonymat. En outre, ils sont l'agresseur. Que ce soit en regard de l'Arabe, assassin du père, ou les terroristes, arabes, asiatiques, malais peut-être, Michel l'ignore, ou musulmans, ou les types antillais du viol de Marylise nous décelons une similitude entre les victimes de la violence dans *Plateforme*. À commencer par le père du narrateur, Marylise, Valérie et les victimes de l'attentat, toutes les victimes sont franco-françaises. Le processus engendré ressemble à se méprendre au « racisme de Lovecraft, qui se désigne lui-même comme victime, et qui a choisi ses bourreaux[122] ». Étant victime, la haine raciale éprouvée trouve alors sa justification. Victime, Marylise l'est au cours d'un viol subi dans le train.

> En sortant du travail à 22 heures 15, elle avait décidé d'attraper le train de 22 heures 21, en pensant que ça irait plus vite que d'attendre un taxi. Le wagon était aux trois

---

[122] *Ibidem*, p. 141.

quarts vide. Les quatre types s'étaient approchés d'elle, ils avaient tout de suite commencé à l'insulter. D'après ce qu'elle pouvait en savoir, ils étaient de type antillais. Elle avait tenté de discuter, de plaisanter avec eux ; en échange, elle avait récolté une paire de gifles qui l'avait à moitié assommée. Puis ils s'étaient jetés sur elle, deux d'entre eux l'avaient plaquée au sol. Ils l'avaient pénétrée violemment, sans ménagements, par tous les orifices. Chaque fois qu'elle tentait d'émettre un son, elle recevait un coup de poing, ou une nouvelle paire de gifles. Cela avait duré longtemps, le train s'était arrêté plusieurs fois ; les voyageurs descendaient, changeaient prudemment de compartiment. En se relayant pour la violer les types continuaient à plaisanter et à l'insulter, il la traitait de salope et de vide-couilles. A la fin, il n'y avait plus personne dans le compartiment. Ils finirent par lui cracher et lui pisser dessus, réunis en cercle autour d'elle, puis la poussèrent à coups de pied, la dissimulant à moitié sous une banquette, avant de descendre tranquillement gare de Lyon. Les premiers voyageurs montèrent deux minutes plus tard et prévinrent la police, qui arriva presque tout de suite. Le commissaire n'était pas réellement surpris ; d'après lui elle avait eu, rela-

> tivement, de la chance. Il arrivait assez souvent, après avoir utilisé la fille, que les types la terminent en lui enfonçant une barre cloutée dans le vagin ou l'anus. C'était une ligne classée comme dangereuse. (P 206-207)

Le message est clair : aucune communication possible avec ceux de l'autre race. Marylise l'apprend à ses dépens bien qu'elle n'ait pas choisi ses bourreaux. L'auteur l'a fait pour elle. Car il s'agit bien d'un choix. Ce viol, en soi, n'a rien de chimérique ni d'impossible. Dans son enquête, Janine Mossuz-Lavau signale le viol collectif d'une femme de quarante-cinq ans, à la différence près qu'aux agresseurs ne sont appliqués aucun label, ni particularité physique raciale : « A vingt et une heures, elle rentrait de son travail, en marchant sur un trottoir de parking. Une voiture la suivait et elle ne s'est pas alarmée, pensant que le conducteur cherchait à se garer. Tout à coup, elle a senti un couteau sur sa gorge et on l'a obligée à monter dans le véhicule, où on lui a attaché les mains, mis un bâillon sur la bouche et un bandeau sur les yeux. Il y avait trois hommes dans la voiture, qui l'ont violée et "tabassée"[123] ».

Impossible d'établir le contact avec ces êtres. Marylise essaie de plaisanter, de discuter, nous rapporte le narrateur. Peine perdue, lira-t-on, avec des types qui commencent par lancer des insultes. Marylise aurait pu, comme les autres voyageurs,

---

[123] Janine Mossuz-Lavau, *La Vie sexuelle en France*, La Martinière, 2000, p. 301.

descendre à la station suivante. Le viol n'aurait pas eu lieu. *D'après ce qu'elle pouvait en savoir...* ils étaient de type antillais. Donc, ne parlez pas aux « nègres », ne discutez pas avec eux, ne les traitez pas en personnes sensées : ils ne connaissent que la violence. Dès qu'ils en ont la possibilité, ils vous sautent dessus. Toutefois, Houellebecq démontre de même dans cette scène qu'il est aussi dans ce cas, impossible de compter sur vos semblables. Ils s'écartent prudemment de la scène. Leur comportement est tout aussi abject que celui des agresseurs. Ce sont des criminels coupables de non-assistance à une personne en danger. Annihilés par le mépris, l'indifférence ou la haine de l'Autre, ils se réfugient dans la peur. Ses agresseurs ne tuent pas Marylise. L'objet de la haine doit subsister, la haine doit être aimée, choyée, dorlotée. La haine de l'Autre doit subsister. Tuer Marylise équivaudrait à l'assouvissement total de la haine. Or, l'assouvissement conduit à la satiété et donc à l'extinction de la haine. *Ipso facto*, la haine doit subsister pour engendrer d'autres viols, d'autres crimes, commis par les prédateurs. Les Autres. La latence de l'abjection raciste du discours. « Le sang est partout [...] le sperme aussi » (EDLL 121).

Si certaines images, lieux communs ou clichés nous sont parvenus en héritage du temps de la colonisation et de la littérature associée à cette époque, la plupart d'entre eux ont évolué et sont devenus beaucoup plus explicites. Chez Pierre Loti et ses contemporains, la femme est décrite comme un animal, sans sentiments comparables à ceux de l'Européen, dans *Plateforme*, seules ses capacités sexuelles sont prises en compte. Il ne s'agit plus de « masque simiesque » ou de « poli d'ébène huilé », mais d'un « vagin merveilleusement élastique ». On imagine mal Loti, ou son héros, déclarer comme Robert dans *Plateforme* :

> Je suis raciste... dit-il gaiement. Je suis devenu raciste... Un des premiers effets du voyage, ajouta-t-il, consiste à renforcer ou à créer les préjugés raciaux ; car comment imaginerait-on les autres avant de les con-

> naître ? [...] Mon premier voyage fut pour la Thaïlande ; tout de suite après, je suis parti pour Madagascar. Depuis, je n'ai plus jamais baisé avec une blanche [...] la bonne chatte douce, docile, souple et musclée, vous ne la trouverez plus chez une blanche ; tout cela a complètement disparu. [...] Le racisme, continua Robert [...] semble d'abord se caractériser par une antipathie accrue, une sensation de compétition plus violente entre mâles de race différente ; mais il a pour corollaire une augmentation du désir sexuel pour les femelles de l'autre race. Le véritable enjeu de la lutte raciale, articula Robert avec netteté, n'est ni économique ni culturel, il est biologique et brutal : c'est la compétition pour les vagins des jeunes femmes. [...] Je suis un Occidental, mais je peux vivre où je veux, et pour l'instant c'est encore moi qui ai le fric. Je suis allé au Sénégal, au Kenya, en Tanzanie, en Côte-d'Ivoire. Les filles sont moins expertes que les Thaïes, c'est vrai, elles sont moins douces, mais elles sont bien cambrées, et elles ont une chatte odorante. (P 118-122)

Robert, sans être un personnage très complexe établit le portrait de la gent féminine suivant les capacités sexuelles des représentantes des différents pays visités. Sa tirade paraît presque exagérée. Un clin d'œil, une parodie ou une caricature de raciste sexiste. Or, nous aurions tort de rire. Robert est un stéréotype. Celui de l'homme occidental obsédé par les rapports sexuels avec une jeune femme exotique. Par ailleurs, Robert essaie d'expliquer le phénomène du racisme dans nos sociétés modernes :

> A l'époque où les Blancs se considéraient comme supérieurs, dit-il, le racisme n'était pas dangereux. Pour les colons, les missionnaires, les instituteurs laïques du XIXe siècle, le nègre était un gros animal pas très

méchant, aux coutumes distrayantes, une sorte de singe un peu plus évolué. Dans le pire des cas, on le considérait comme une bête de somme utile, déjà capable d'effectuer des tâches complexes ; dans le meilleur des cas comme une âme fruste mal dégrossie [...]. De toute façon on voyait en lui un "frère inférieur", et pour un inférieur on n'éprouve pas de haine, tout au plus une bonhomie méprisante. Ce racisme bienveillant, presque humaniste, a complètement disparu. A partir du moment où les Blancs se sont mis à considérer les Noirs comme des *égaux*, il était clair qu'ils en viendraient tôt ou tard à les considérer comme *supérieurs*. La notion d'égalité n'a nul fondement chez l'homme. [...] Les Blancs se considérant eux-mêmes comme inférieurs, [...] tout est prêt pour l'apparition d'un racisme de type nouveau, basé sur le masochisme : historiquement, c'est dans ces conditions qu'on en arrive à la violence, à la guerre inter-raciale et au massacre. Tous les antisémites, par exemple, s'accordent à attribuer aux Juifs une supériorité *d'un certain ordre* : si vous lisez les écrits antisémites de l'époque, vous serez frappé par le fait que le Juif est considéré comme le plus intelligent, plus malin, qu'on lui prête des qualités spéciales dans le domaine de la finance – et, par ailleurs, de la solidarité communautaire. Résultat : six millions de morts. (P 119-120)

*

À l'heure où les partouzes, les échanges de partenaires, les boîtes sado-maso ont envahi les imaginaires et les médias si ce n'est la littérature, nous pourrions difficilement traiter le triolisme d'interdit majeur, mineur ou de tabou. En l'incluant dans ses romans, Houellebecq ne fait que laisser courir quelques frissons sur l'épiderme du lecteur avide de sensation qu'il aimerait connaître. Toutefois, il est à noter que ces scènes de triolisme, très bien orchestrées, ne le sont qu'à sens unique et typiquement phallocentrique. Qu'il s'agisse de Christiane et Bruno, ou des deux Allemandes lesbiennes non exclusives ou de Valérie et Michel, ce sont toujours deux femmes et un homme qui sont portraiturés, jamais la combinaison inversée de deux hommes et une femme, beaucoup moins appréciée, semblerait-il, dans l'imaginaire collectif.

Cette image fréquemment utilisée dans la prose houellebecquienne utilise des fantasmes masculins. Deux femmes, qui, au final, n'attendent que l'arrivée de l'homme pour se jeter dessus (*Lanzarote, Plateforme*). Au quotidien, bien sûr, la sexualité lesbienne est nettement différente et les couples ne sont absolument pas attirés par un homme et font l'amour sans s'en soucier, ni à plus forte raison, attendre sa présence pour partager leurs ébats. Il s'agit d'un fantasme machiste.

Deux femmes pour faire l'amour est un fantasme masculin relativement peu exploré en littérature. À l'heure de la mixité généralisée, la curiosité masculine à l'égard des femmes, bien que satisfaite sur plusieurs plans, reste encore sur sa faim à ce sujet. Houellebecq explore, exploite voire cultive ce fantasme que l'industrie pornographique met en scène régulièrement. La sexualité lesbienne serait intéressante du point de vue du voyeurisme. Voir deux femmes nues engagées dans une activité sexuelle serait porteur d'une excitation érotique pour beaucoup d'hommes. Certains s'identifient à l'une d'elles. Ils jouent alors le rôle passif ou actif, selon leur tempérament. C'est aussi une manière d'érotiser la femme qui n'est plus alors qu'un objet sexuel. La lesbienne a cela de particulier que l'homme peut toujours fantasmer qu'elle a besoin d'un bon mâle (lui en l'occurrence) pour redevenir hétérosexuelle, repasser du bon côté de la barrière[124]. Significatif que l'amour lesbien chez Houellebecq réponde à ces critères. Michel de *Plateforme* et Bruno fantasment sur des rapports avec plusieurs femmes

---

[124] Cf. Esther D. Rothblum, *Transforming Lesbian Sexuality. Psychology of Women*, Quaterly, 18, pp. 267-641.

simultanément et leur compagne respective les aide à mettre ce désir en pratique.

Dans *Plateforme*, les préférences sexuelles de Valérie sont largement explicitées. Dans son adolescence, elle a une amie et les deux jeunes filles se rencontrent une journée d'août, sympathisent et vont ensemble à la plage de Sainte Marguerite près de Saint-Quay-Portrieux où les parents de Valérie viennent d'emménager après avoir vendu leur exploitation fermière. Valérie a quatorze ans et Bérénice est son aînée d'un an. Valérie, consciente de la beauté de son corps et de ses seins, s'abandonne un après-midi à Bérénice.

> Elle [Valérie] savait qu'elle avait des seins splendides, ronds, haut placés, tellement gonflés et fermes qu'ils en paraissaient artificiels. Bérénice tendit la main, frôla la courbure et le mamelon. Valérie ouvrit la bouche, ferma les yeux au moment où les lèvres de Bérénice s'approchaient des siennes ; elle s'abandonna totalement au baiser. Son sexe était déjà humide au moment où Bérénice glissa une main dans sa culotte. Elle s'en débarrassa avec impatience, se laissa tomber sur le lit et écarta les cuisses. Bérénice s'agenouilla devant elle, posa la bouche sur sa chatte. Son ventre était parcouru de contractions chaudes, elle avait l'impression que son esprit glissait dans les espaces infinis du ciel ; jamais elle n'aurait soupçonné l'existence d'un tel plaisir. (P 63)

Cette scène qui se renouvelle tout au long de l'été plusieurs fois par jour est la révélation de l'identité homosexuelle de Valérie.

Dix années plus tard à Bangkok, le portrait sexuel de Valérie est resté inchangé. Ses fantaisies et ses penchants aussi. Sa première confidence à Michel au début de leur liaison sera de lui apprendre ses goûts saphiques : « Une fille bisexuelle pour nous deux, je sais que ça fait planer les mecs ; et moi aussi, en fait, j'aime les filles » (P 216). Cette déclaration dans la bouche de Valérie est claire et sans équivoque. Les filles l'attirent.

Or, cette préférence se concrétisera par deux fois très explicitement. Une première fois avec Margarita, une femme de ménage de l'hôtel, lors de leur séjour à Cuba :

> Dès que la fille fut à l'intérieur, elle commença à défaire les boutons de sa blouse : elle ne portait rien en dessous, à part un slip

> de coton blanc ; elle pouvait avoir une vingtaine d'années, son corps était très brun, presque noir, elle avait une petite poitrine ferme et des fesses très cambrées. Valérie tira les rideaux ; je me levai à mon tour. La fille s'appelait Margarita. Valérie prit sa main et la posa sur mon sexe. Elle éclata de rire à nouveau, mais commença à me branler. Valérie ôta rapidement son soutien-gorge et sa culotte, s'allongea sur le lit et commença à se caresser. Margarita hésita encore un instant, puis elle retira son slip et s'agenouilla entre les cuisses de Valérie. Elle regarda d'abord sa chatte, la caressant de la main, puis elle approcha la bouche et commença à la lécher. Valérie posa une main sur la tête de Margarita pour la guider, tout en continuant à me branler de l'autre main. (P 221-222)

S'ensuivent des détails cliniques très précis jusqu'à l'orgasme collectif des trois partenaires. Cette description s'enrichit du fantasme masculin de la femme nue sous sa blouse, fantasme souvent projeté sur une infirmière, il l'est ici sur la femme de chambre. La deuxième fois, un scénario à peu de chose près identique se déroule avec une compagne de voyage qui séjourne dans le même établissement de cure que les deux amants. « Agenouillée devant la femme, les mains posées sur ses fesses, Valérie lui léchait la chatte. C'était effectivement une très belle femme, avec des seins siliconés d'une rondeur parfaite, un visage harmonieux, une bouche large et sensuelle. Sans surprise elle tourna son regard vers moi, referma une main sur mon sexe... » (P 291-292).

Michel nie l'évidence de l'homosexualité de Valérie, ce qu'elle fait aussi elle-même. La motivation de Michel s'explique facilement. Le déni est pour lui la meilleure tactique pour garder Valérie : « La meilleure arme de l'hétérosexualité : le déni, la récupération (c'est érotique pour les hommes de voir deux femmes ensemble – le harem lesbien), le ridicule[125] ». Pour le lecteur, le fait qu'elle ait eu une expérience lesbienne rend le personnage de Valérie moderne. C'est une femme libre, émancipée. Elle est in, comme le dit Wittig : « Il existe une autre forme bien plus perfide de réaction contre le lesbianisme, celle qui consiste à le dénigrer et à le traiter comme une forme de snobisme. C'est in d'être lesbienne, semble-t-il ; c'est mode, c'est snob. Colette l'a toujours dit.

---

[125] Monique Wittig, *La Pensée straight* (1978), Paris, Éditions Balland, 2001, p. 109.

On retrouve cette même méthode de dénigrement de nos jours. C'est mode d'avoir au moins une expérience lesbienne pour être libérée[126] ».

Valérie est absolument la femme idéale pour Michel. Toujours disponible. Wittig y dénonce le véritable signe de la domination des femmes par les hommes : « Elles doivent arborer leur étoile jaune, leur éternel sourire jour et nuit[127] ». En cela, Valérie diffère peu de la prostituée thaïe souriante et aimable. Toutes les deux voient en Michel un homme sympathique alors qu'il les domine par sa pseudo gentillesse. À ce sujet, Wittig est très explicite

---

[126] *Ibidem*, pp. 108-109.
[127] *Ibidem*, p. 48.

sur la raison qui rend les femmes aveugles à leur situation :

> Et le plus souvent, en un dernier recours face à la réalité nue et crue, elles refusent de « croire » que les hommes les dominent en pleine connaissance de cause (parce que l'oppression est bien plus hideuse pour les opprimés que pour les oppresseurs). De leur côté, les hommes savent parfaitement qu'ils dominent les femmes. ("Nous sommes les maîtres des femmes" dit Breton) et ils sont formés pour le faire. Ils n'ont pas besoin de l'énoncer constamment, car l'on parle rarement de domination au sujet de ce que l'on possède déjà.[128]

Comme dans les productions pornographiques, les clichés abondent dans les romans. Cependant, les positions sexuelles sont décrites sans véritable fantaisie avec la disponibilité des filles rencontrées plutôt

---

[128] *Ibidem*, p. 44.

exagérée : sans pudeur, toujours partantes pour la gaudriole... L'environnement aussi connaît peu de variations. Tout se passe sur un lit, dans le confort d'une chambre d'hôtel ou bien dans l'intimité toute relative d'un club échangiste dans le cas de Bruno et Christiane.

Ces interdits et tabous, Houellebecq semble uniquement les effleurer, mais en fait, si l'on prend le cas du sadomasochisme, un tabou persistant au regard sociétal actuel, tous les romans révèlent en contenir des éléments plus ou moins latents. Que l'on considère l'automutilation génitale dans *Extension du domaine de la lutte*, la rencontre et le mode de vie proche du triolisme de Bruno et Christiane ou Michel et Valérie, les lesbiennes non exclusives de *Lanzarote*, il s'agit de symboles forts d'une forme de sadomasochisme.

*

En effet, le narrateur d'*Extension du domaine de la lutte* revient plusieurs fois sur l'émasculation. Une fois dans son rêve de la cathédrale de Chartres : « Je me réveille. Il fait froid. Je replonge. A chaque fois, devant ces outils tachés de sang, je ressens au détail près les souffrances de la victime. Bientôt, je suis en érection. Il y a des ciseaux sur la table près de mon lit. L'idée s'impose : trancher mon sexe. Je m'imagine la paire de ciseaux à la main, la brève résistance des chairs, et soudain le moignon sanguinolent, l'évanouissement probable. Le moignon, sur la moquette. Collé de sang » (EDDL 141-143). L'angoisse existentielle ressentie par le narrateur est accompagnée de pulsions mortifères. Il serait aisé de conclure, que puisqu'il désire se sectionner le sexe, il est motivé par une pulsion castratrice sous forme d'auto-agression. Toutefois, selon Franscesco Alberoni[129], l'agressivité est souvent un des constituants de la sexualité masculine. Dans ce cas, nous savons que l'auto-mutilation fait aussi partie des pratiques sadomasochistes. Une autre fois, le narrateur met en scène l'émasculation dans

---

[129] Franscesco Alberoni, *L'Erotisme*, Ramsey, 1986.

une de ses fantaisies animalières *Dialogue d'un chimpanzé et d'une cigogne* où le grand singe est émasculé par les becs orange des oiseaux, et encore lors de sa visite à la clinique. Il annonce y avoir vu un cas de castration réussi.

D'autre part, le couteau mis dans les mains de Raphaël et l'incitation au meurtre peuvent facilement être interprétés par des adeptes comme des rites de jeu masochiste. Raphaël, soumis à sa situation de puceau, incité à devenir maître par le narrateur ou, peut-être, celui-ci dans la position de maître, incite son esclave à commettre un meurtre, conduisant ce dernier jusqu'à l'angoisse de mort pour avoir failli à exécuter l'ordre donné. Pour *Les Parti-*

cules élémentaires, avec le comportement de Bruno et Christiane, la relation avec le sadomasochisme est encore plus évidente. Leurs récits de violence orchestrée rituellement ne laissent aucun doute sur les motifs sous-jacents aux événements.

Pour les lesbiennes pratiquant une sexualité classique, il est impensable de recevoir un homme dans leur lit. Par contre, dans les soirées des Maudites femelles, association regroupant des femmes lesbiennes et bisexuelles pratiquant une sexualité *hard*, il n'était pas rare d'en croiser pour des pratiques sadomasochistes extrêmes (*fist-fucking*, aiguilles, etc.) ou même oser le coït en public alors que :

> Des féministes et lesbiennes radicales n'ont-elles pas rejeté le godemiché sous prétexte qu'il représentait le phallus, objet symbolique de la domination des hommes sur les femmes ? Les jeunes lesbiennes, surtout celles qui pratiquent le sadomasochisme aujourd'hui, se sont apparemment réconciliées avec le godemiché, la pornographie, et surtout avec les hommes. En tout cas, c'est le constat qu'on peut faire lorsqu'on les voit dans les soirées SM, et on peut regretter qu'elles soient toujours si peu nombreuses.[130]

D'où les ébats du narrateur lanzarotien qui se teintent de nouveaux éclats.

Selon toute probabilité, c'est dans *Plateforme* que les pratiques sadomasochistes sont les plus amplement et explicitement décrites (P 194-199). Ces quelques pages avec plusieurs descriptions minu-

---

[130] Mona Sammoun, *Tendance SM. Essai sur la représentation sadomasochiste*, Paris, La Musardine, pp. 190-191.

tieuses de scènes sadomasochistes dans un club entraînent une discussion entre les spectateurs présents. Valérie et Michel en font partie. Valérie ne peut comprendre que la souffrance et l'humiliation soient librement consenties par certains. En cela, elle représente assez bien l'opinion générale qui voit dans le sadomasochisme une perversion au même titre que le fétichisme, l'homosexualité, l'exhibitionnisme, l'ondinisme... et non un art subtil et intelligent comme les adeptes pour qui se faire clouer le prépuce ou brûler au fer rouge, se laisser transpercer la peau des bourses par des aiguilles ou être flagellé jusqu'au sang, constituent l'aboutissement de leur parcours pour atteindre le plaisir.

Une femme dominatrice traînant un homme en complet cravate au bout d'une laisse comme un chien déclenche la conversation entre les pour ou les contre. Valérie trouve ces comportements « dégueulasses », les autres sont incrédules puisque le tout est librement consenti : « – Je ne crois pas que l'on puisse *librement consentir* à l'humiliation et la souffrance. Et même si c'est le cas, ça ne me paraît pas une raison suffisante » (P 195). La défense du sadomasochisme est assurée par une autre convive, Géraldine : « Si je suis un majeur consentant, reprit-elle, et que mon fantasme c'est de souffrir, d'explorer la dimension masochiste de ma sexualité, je ne vois pas au nom de quoi on pourrait

Attouchements des interdits
majeurs et mineurs

m'en empêcher. On est en démocratie... » (p. 196). Leur hôte tranche en admettant que ce soit justement cette partie « dégueulasse » de l'être humain qui a tout son intérêt : « Vous avez raison... dit-il sombrement, c'est absolument dégueulasse. Quand je vois quelqu'un accepter de se faire arracher un ongle à la tenaille, puis se faire chier dessus, et de manger la merde de son bourreau, je trouve ça dégueulasse. Mais, justement, c'est la partie dégueulasse de l'être humain qui m'intéresse » (*ibidem*). Jusque-là, il est possible de croire que Houellebecq donne plus ou moins une chance au sadomasochisme et l'expose et l'explore d'une certaine façon, transgressant la ligne d'acceptation par la doxa grâce aux descriptions précises de scènes *hard* dans les pages suivantes. Scènes assez pénibles – pour le lecteur non initié – de violence, de fouet « joies de la barbarie et du massacre ». Valérie et Michel s'enfuient pour terminer la discussion de retour à leur appartement.

« Ce qui me fait peur là-dedans, reprit-elle, c'est qu'il n'y a plus aucun contact physique. Tout le monde porte des gants, utilise des ustensiles. Jamais les peaux ne se touchent, jamais il n'y a un baiser, un frôlement, ni une caresse. Pour moi, c'est exactement le contraire de la sexualité » (P 199). Le chapitre se clôt sur Michel qui transige : « C'est plus simple qu'on ne pourrait le croire… dis-je finalement. Il y a la sexualité des gens qui s'aiment, et la sexualité des gens qui ne s'aiment pas. Quand il n'y a plus de possibilité d'identification à l'autre, la seule modalité qui demeure c'est la souffrance – et la cruauté » (P 199-200). Michel reprend à son compte l'opinion de la doxa que le sadomasochisme effraie et reste difficilement acceptable comme pratique sexuelle conciliable avec l'amour. Il ne s'agit nullement ici de faire l'apologie du sadomasochisme. Loin de là. Nous constatons aisément que là aussi, Houellebecq rejoint la doxa et ne transgresse aucunement un tabou dans son jugement émis par son narrateur. Qu'il soit possible d'atteindre l'orgasme en dehors des pratiques et positions adoptées par le couple houellebecquien est hors de question. Masturbation à outrance ? Soit. Fellations en toutes circonstances ? Parfait. Triolisme, échange de partenaire ? Tout à fait d'accord. Mais le sadomasochisme est inconditionnellement réfuté en dialogue, bien que pratiqué en acte puisque la bisexualité est un des éléments de l'érotique sadomasochiste hétérosexuelle et que Valérie s'y adonne sans remords et avec plaisir. Michel ne l'a-t-il pas, dès le premier regard, qualifiée de « soumise » ? D'où l'ambiguïté indéniable de Houellebecq et ses héros regardant les pratiques du sexe.

*

Valeur marchande et commercialisation

Désincarnation des lieux, parcimonie des objets, dans les romans houellebecquiens, les espaces et les choses apparaissent uniquement en rapport avec l'action. Il ne s'agit nullement d'une description du monde, ni d'en suggérer la beauté dans sa concrétitude ou l'émotion palliant sa découverte. De même pour le physique de la plupart des êtres saisis au cours de la narration. L'auteur en dresse un portrait laconique. Peu de promotion poétique vaine dans la prose houellebecquienne. Le sentiment de nature, lorsqu'il n'est pas exclu, remplit une fonction précise. Un exemple

Valeur marchande et commercialisation en est le commentaire du narrateur, dans *Extension du domaine de la lutte* : « Le soleil apparaît, rouge sang, terriblement rouge sur l'herbe d'un vert sombre, sur les étangs brumeux. De petites agglomérations fument au loin dans la vallée. Le spectacle est magnifique, un peu effrayant » (EDDL 53). Nous avons amplement analysé cette scène du narrateur regardant la campagne par la fenêtre du train qui l'emmène de Paris à Rouen sans qu'il soit besoin d'y revenir ici[131]. Rappelons simplement que la brève description du paysage sert à placer l'humeur du personnage et à le caractériser. On retrouvera ce principe dans les autres romans. Rien de

---

[131] Cf. *Houellebecq. Sperme et sang*, Paris, L'Harmattan, 2003, pp. 19-24.

vraiment nouveau dans cela, Balzac le pratiquait déjà ainsi que bien d'autres : Flaubert, Zola ... Parfois, la description sert tout simplement à poser le décor en rapport avec l'action du lieu :

> Ce qui frappe en tout premier lieu au Cap d'Agde, notait Bruno, c'est la coexistence de lieux de consommation banals, absolument analogues à ceux qu'on rencontre dans l'ensemble des stations balnéaires européennes, avec d'autres commerces explicitement orientés vers le libertinage et le sexe. Il est par exemple surprenant de voir juxtaposés une boulangerie, une supérette et un magasin de vêtements proposant essentiellement des microjupes transparentes, des sous-vêtements en latex et des robes conçues pour laisser à découvert les seins et les fesses. Il est surprenant également de voir les femmes et les couples, accompagnés ou non d'enfants, chiner entre les rayons, déambuler sans gêne entre ces différents commerces. On s'étonne enfin de voir les maisons de la presse présentes sur la station offrir, outre l'échantillonnage habituel de

Valeur marchande et commercialisation quotidiens et de magazines, un choix particulièrement étendu de revues échangistes et pornographiques, ainsi que de gadgets érotiques divers, le tout sans susciter, chez aucun des consommateurs, le moindre émoi. (PE 215-216)

Par l'entremise des magasins environnants, ce sont les relations érotico-naturistes du Cap d'Agde qui sont évoquées.

Houellebecq ne travaille pas vraiment non plus sur les passions, tels les libertins français des Lumières. Chez lui, le sexe reste le moteur et le reste n'est qu'une stratégie d'approche de la cible. Toutefois, avec les scènes charnelles récurrentes, il arrive à un dynamisme exceptionnel grâce à l'appréhension du sexe sous l'angle du réalisme. Est donc avéré par les chiffres, le principe de la scène sexuelle – qu'elle soit de masturbation comme dans *Extension du domaine de la lutte*, de fellation, de sodomie, de pénétration, de pédophilie, de viol, de voyeurisme, de triolisme ou de partouze généralisée – comme inhérente à la narration sous forme de description vivificatrice dont il pourrait s'agir d'un artifice littéraire bien utilisé. Les scènes sensuelles, donc, en figures exacerbées de la relation sexuelle. Une conclusion, par ailleurs, peu répandue chez les commentateurs.

En cela, Houellebecq efface la distinction du vrai et du faux et établit le pouvoir diabolique de l'imitation par une facticité laborieuse. Peut-on vraiment penser que les choses se passent ainsi au quotidien lors de premières rencontres comme

Valeur marchande et commercialisation ont voulu le croire plusieurs critiques présentant Houellebecq en descripteur de la société contemporaine ?

Houellebecq établit le primat scientifique, mais doit le vivifier par l'action. Or, ses personnages, apathiques en raison de leur dépression chronique, sont dans l'incapacité de produire l'action sans perdre une dose de crédibilité. D'où la nécessité de scènes de sexe vivificatrices, dynamisant l'écriture. Constatation indubitable, n'excluant aucunement la variété de l'acte, comme vu précédemment. L'antihéros houellebecquien bataille avec une éthique de la provocation qui le confronte à autrui et à soi-même. Bruno devant ses élèves le confirme : « On vivait aujourd'hui dans un monde simplifié, à l'évidence. La duchesse de Guermantes avait beaucoup moins de *thune* que Snoop Doggy Dog ; Snoop Doggy Dog avait moins de *thune* que Bill Gates, mais il faisait davantage *mouiller* les filles » (PE 239) ou lorsqu'il fait lire ses articles à Sollers :

> Nous envions et nous admirons les nègres parce que nous souhaitons à leur exemple redevenir des animaux, des animaux dotés d'une grosse bite et d'un tout petit cerveau reptilien, annexe de leur bite. Seuls les Juifs échappent au regret de ne pas être nègres, car ils ont choisi depuis longtemps la voie de l'intelligence, de la culpabilité et de la honte. Rien dans la culture occidentale ne peut égaler ni même approcher ce que les Juifs sont parvenus à faire à partir de la culpabilité et de la honte ; c'est pourquoi les nègres les haïssent tout particulièrement. (PE 242)

Valeur marchande et commercialisation
Commentée non seulement à l'intérieur du roman, sa prose est moins soumise au jugement de Sollers « On n'écrit plus ce que l'on veut, aujourd'hui sur certains sujets… » (PE 243) – instance normative du son énoncé – qu'à l'appréciation du lecteur qui préfèrera y lire un second degré.

Si nous nous reportons à la définition de « passion » dans l'Encyclopédie de Diderot et d'Alembert, nous voyons que les passions sont : « Les penchants, les inclinations, les désirs et les aversions, poussés à un certain degré de vivacité, joints à une sensation confuse de plaisir ou de douleur, occasionnés ou accompagnés de quelque mouvement irrégulier du sang et des esprits animaux, c'est ce que nous nommons *passions*. Elles vont jusqu'à ôter tout usage de la liberté, état où l'âme est en quelque manière rendue *passive* ; de là le nom de *passions* ». En ce sens, les héros sont sans passion active. Jamais de colère, de compassion, d'amour ou de haine véritables, mais un ersatz qui ne les entraîne jamais jusqu'au bout d'un sentiment quel qu'il soit. Tout juste, peut-être, la réaction de Michel dans *Plateforme* après l'attentat et la mort de Valérie, a-t-elle pu, à juste titre, être vue comme un sursaut de colère, mais le personnage retourne vite à son apathie coutumière dont seule la relation avec Valérie avait semblé l'extraire un moment. Quant aux passions douces, amitiés, joie, espérance, nous ne les remarquons guère dans les romans.

Valeur marchande et commercialisation
Houellebecq invite le lecteur à la science du sexe, mais de façon paradoxale puisqu'il ne lèvera aucun voile pour lui, ne lui apportera aucune nouvelle connaissance si ce n'est peut-être les descriptions de scènes sadomaso dont le lecteur lambda peut être ignorant. Il tente de caractériser ses héros par une brume de savoir, mais ils n'apprennent rien tout au long de la diégèse. Si leur véracité psychologique est parfois accentuée et vraisemblablisée – entre autres, par des rêves – le lecteur a devant les yeux une quasi-dissociation du corps, de l'esprit et du cœur. Inutile de noter que le cœur est, par ailleurs, presque toujours absent. Il suffit de lire l'appréciation par Michel de Valérie pour comprendre que d'amour, il ne peut être

question. Il la considère comme une femme maniable. Michel fréquente les salons de massage thaïs pour son plaisir et ses contacts sexuels sans montrer ou ne ressentir aucun intérêt à l'égard de Valérie. De retour à Paris, la perspective d'un week-end passé seul le rebute. Il lui téléphone. S'initie alors une relation – principalement sexuelle – plaisante pour les deux amants qui parleront franchement du sexe, mais rarement de leurs sentiments.

Les personnages ne paraissent aptes qu'à être conscients de sensations, en l'occurrence, celles ayant trait à la sexualité. Même en ce qui concerne Michel des *Particules élémentaires* pour qui il s'agira de non-sexualité : « Sa bite lui servait à

Valeur marchande et commercialisation

pisser, c'est tout ». Pas question d'éradication, de modération d'une passion. Michel est un chercheur scientifique comme Bruno est obsédé sexuel. Il en est le pendant, le revers de la même médaille. Tout en l'admirant pour son côté provocateur, la critique ne prend pas au sérieux le sexe chez Houellebecq et le traite comme un élément marginal. En un sens, cette position se défend puisque le sexe est un condiment du reste. N'empêche que sans lui, seule la fadeur et l'à-peu-près subsistent.

Chez Houellebecq, l'abandon immédiat à la volupté – ou non – sexuelle, prime parfois avec le délire des sens ; aucune excitation de l'attente n'est permise. Pas plus que les délices de la séduction, la jouissance différée ne se profile à l'horizon du personnage – masculin ou féminin. Seules la facilité de l'approche ou son impossibilité ont le droit de cité. En cela, les personnages sont formés dans le même moule sans différence fondamentale quant à leur sexualité et la manière de la vivre. Exception faite de Michel des *Particules élémentaires*, ils pensent tous de même sur le sujet : un désir doit être immédiatement satisfait. Jamais ils ne parviendront au vertige sublime du sentiment, ils ne connaissent que l'enivrement du sexe. Rien d'autre n'existe. Rien d'autre ne vaut la peine. Et s'ils étaient dans la juste appréciation ? Toutefois, nous préférons en raison même de cette possibilité, l'envisager

Valeur marchande et commercialisation autrement et scruter les fonctions des scènes sexuelles au cœur du roman.

*

Deux lois structurales impulsent les romans. L'une centripète, de la périphérie au centre, celui-ci étant métamorphosé par l' « origine du monde » (le trou de Catherine, la vulve de Jane, le vagin élastique des Thaïlandaises, la vulve de la sauvage...) et les branles récurrentes de l'organe masculin ; l'autre loi, centrifuge, formée des digressions pseudo-scientifiques (les fictions animalières, la décomposition d'un cadavre, les côtelettes grillées dans la braise des volcans, le tourisme sexuel, le clonage...) s'étale du centre vers la périphérie, la jonction des deux, installant des nœuds narratoires assez lâches. Le sexe tout autant que la science ou la philosophie, au bout du compte, apparaît profondément ambivalent.

Tout est finalement ramené aux affaires sexuelles. La psychanalyse du narrateur d'*Extension du domaine de la lutte*, la vie de Bruno, le voyage à Lanzarote, celui en Thaïlande, bien entendu, l'escapade de Daniel25, même la découverte scientifique de Michel qui aura pour but ultime, paradoxalement, la suppression des rapports sexuels. Nous assistons à l'insociable sociabilité, à la division dans l'association. Tout se sépare, car l'infraction exige une

Valeur marchande et commercialisation
résolution. Raison pour laquelle Valérie meurt, mais aussi Annabelle et Christiane ainsi que Daniel25 ou Michel des *Particules élémentaires*.

Question occupant les critiques depuis belle lurette et ressurgissant à la parution des romans : convient-il d'accorder à la littérature une visée éthique ? Pour rester un instant dans l'esprit de l'Encyclopédie, selon Diderot, cela ne saurait être, l'auteur ayant le droit d'accorder la parole au débauché. Il faudrait toutefois que le lecteur puisse le reconnaître comme tel. Force est d'admettre que le lecteur séduit succombe à la séduction des héros peu séduisants sur le fond. Anti-héros s'il en fut, le principe d'identification fonctionne à plein régime et l'empathie se met en place. Le lecteur se retrouve tiraillé entre aversion et connivence, complicité et répulsion. Que le roman doive servir de morale, principe épistémologique qui avait peut-être cours au XVIIe siècle, n'a plus aucune valeur gnoséologique fin XXe et début XXIe.

*

En station érectile ou en état de totale flaccidité, le pénis apparaît chez Houellebecq selon toutes les turgescences et détumescences possibles. L'érection phallique y sert rarement la reproductibilité – exception faite de la tentative de Michel et Annabelle – et elle n'est pas toujours associée

Valeur marchande et commercialisation
à la recherche du plaisir, en témoigne le narrateur d'*Extension du domaine de la lutte* en présence de la pseudo Véronique dans la discothèque. Alors que le narrateur de ce roman préfèrerait de loin s'émasculer, d'autres s'adonnent à la masturbation, d'autres personnages enfin sont obsédés sexuels plus ou moins satisfaits.

*

Dans *Extension du domaine de la lutte*, Michel Houellebecq démontre par l'entremise de son narrateur s'exprimant à la première personne du singulier, ce qui a fait dire à certains critiques qu'il s'agissait de l'auteur (l'amalgame n'est donc jamais très loin). Le plus élémentaire est donc de référer à un diagramme simple : Auteur > narrateur > personnage > lecteur[132]. Pour simplifier à l'extrême, dans le cas présent Houellebecq écrit, mais c'est le narrateur qui parle :

> Le sexe représente bel et bien un second système de différentiation, tout à fait indépendant de l'argent ; et il se comporte comme un système de différentiation au moins aussi impitoyable. Les effets de ces deux systèmes sont d'ailleurs strictement équivalents. Tout comme le libéralisme économique sans frein, et pour des raisons analogues, le libéralisme sexuel produit des phénomènes de paupérisation absolue. Certains font l'amour tous les jours ; d'autres cinq ou six fois dans leur vie, ou jamais. Certains font l'amour avec des dizaines de femmes ; d'autres avec aucune. C'est ce qu'on appelle la "loi du marché". Dans un système économique où le licenciement est prohibé, chacun réussit plus ou moins à

---

[132] Cf. Gérard Genette, *Figures, I, II, III*, Paris, Éditions du Seuil, 1967-1970.

> *Valeur marchande et commercialisation*
> trouver sa place. Dans un système sexuel où
> l'adultère est prohibé, chacun réussit plus ou
> moins à trouver son compagnon de lit. En
> système économique parfaitement libéral,
> certains accumulent des fortunes considé-
> rables ; d'autres croupissent dans le chô-
> mage et la misère. En système sexuel parfai-
> tement libéral, certains ont une vie érotique
> variée et excitante ; d'autres sont réduits à la
> masturbation et à la solitude. Le libéralisme
> économique, c'est l'extension du domaine
> de la lutte, son extension à tous les âges de
> la vie et à toutes les classes de la société.
> Sur le plan économique, Raphaël Tisserand
> appartient au camp des vainqueurs ; sur le
> plan sexuel à celui des vaincus. Certains ga-
> gnent sur les deux tableaux ; d'autres per-
> dent sur les deux. Les entreprises se dispu-
> tent certains jeunes diplômés ; les femmes
> se disputent certains jeunes hommes ; les
> hommes se disputent certaines jeunes
> femmes ; le trouble et l'agitation sont consi-
> dérables. (EDDL 100)

Avec cette citation en tête, nous réfé-
rons en premier à Bruckner et Finkielkraut
dans *Le Nouveau désordre amoureux*

(1977)[133] : « La société libérale avancée, c'est le mariage discret du Proxénète et du Puritain. On interdit moins et on tolère davantage ; mais c'est que l'ordre moral trouve désormais son compte à circonscrire le vice et à le rentabiliser[134] ». Et plus loin : « Il n'y a pas contradiction entre censure et permissivité : la permissivité est cette forme moderne de censure qui autorise les déviances à condition qu'elles se résignent à leur statut ». Le comportement de Bruno devant la vulve de sa mère ou celui de Valérie et Michel dans leur quête d'une troisième partenaire, seraient-ils dé-

---

[133] Pascal Bruckner et Alain Finkielkraut, *Le Nouveau désordre amoureux* (1977), Paris, Seuil, 2002.
[134] *Ibidem*, p. 87.

Valeur marchande et commercialisation

viants ? Difficile à exprimer catégoriquement, toutefois, ils sembleraient apparemment permis, personne ne les ayant relevés comme extraordinaires jusqu'ici.

Une autre question à laquelle nous allons tenter de répondre : Est-ce une littérature permissive ? Peut-être pas dans le sens où l'entendent Bruckner et Finkielkraut. Du moins, au premier abord puisque selon eux, c'est une forme moderne de la censure. Nous reprenons le premier énoncé : une forme de la censure. Houellebecq est-il censuré ? On pourrait dire que certaines personnes, physiques ou juridiques, ont déjà essayé de censurer l'auteur en lui intentant des procès ayant pour but l'extraction de phrases, de noms de personnes ou de lieux ou de déclarations de ses romans. Mais aucun de ses romans ou autres écrits n'a été frappé d'interdiction et mise à l'index. Nous répondons donc par la négative. Comme nous l'avons vu précédemment, Houellebecq ne fait qu'effleurer les interdits et lorsqu'il les décline, il prend garde de les désavouer par la bouche de ses personnages comme dans le cas du sadomasochisme. Donc, cette censure n'autorisait pas la déviance. Mais, en était-ce une ?

Une chose reste certaine, ce qui pourrait être qualifié de « l'affaire du camping » a bénéficié à ses propriétaires. Beaucoup de lecteurs de Houellebecq ont visité dès lors ce lieu de villégiature, ce qu'ils n'auraient jamais envisagé sans le

Valeur marchande et commercialisation
procès. D'une part, parce que dans le roman rien n'indiquait qu'il s'agissait d'un lieu existant hors diégèse – le procès l'a fait savoir – d'autre part, car un camping n'était pas, a priori nécessairement l'endroit recherché pour les congés. On voit ici l'ordre moral (le plaignant) sortir à son avantage du procès qu'il le gagne ou non. Publicité gratuite et assurée. Dans le cas présent, l'ordre moral a trouvé son compte à circonscrire le vice et à le rentabiliser. Nous devons faire ici une légère parenthèse : le vice étant, on le sait depuis Barthes, le plaisir de l'autre.

Le même processus s'est répété à la sortie de *Plateforme* avec « l'affaire des cons ». Les ligues antiracistes et musulmanes, la Grande Mosquée de Paris et son

Rhéteur sortent perdants du procès, mais y gagnent énormément en visibilité. Quel était l'enjeu du procès ? Rechigner à s'être fait traiter de con. De toute évidence des non houellebecquiens, car en somme cette littérature pourrait presque s'intituler *L'Éloge du con ou défense et description du sexe féminin*, si ce titre n'était déjà pris[135]. D'un autre côté, le passage a pu être ressenti comme pornographique par certains lecteurs. Mais qu'est-ce que la pornographie ?

*

---

[135] Gérard Zwang, *Éloge du con. Défense et illustration du sexe féminin*, op. cit.

Les arcanes de la pornographie

Dominée par une puissante industrie mondiale, formatée à l'excès, destinée à un usage essentiellement masturbatoire, la pornographie a – par la répétition de ses représentations caricaturales – accentué une conception machiste de la sexualité et imposé à l'inconscient collectif une idée du sexe fondée sur la performance : vingt-cinq centimètres minimum, double pénétration syndicale, seins siliconés, fesses liftées et poils rasés auxquels s'ajoutent depuis quelques années les lèvres vulvaires remodelées et rétrécies chirurgicalement, bijoux particuliers et tatouages des zones érogènes intimes. Voilà grosso modo le

Les arcanes de la pornographie 333

paysage de l'éthique et de l'esthétique sexuelles contemporaines occidentales.

Une autre composante est la répétition obligée – et obligatoire – dans les films X de scènes sexuelles buccogénitales itératives. Ce que l'on pourrait nommer le sexuellement correct – aucun film désireux de passer le ixage, ne saurait s'en abstenir. Vous voyez indéniablement le point d'Archimède de notre argument. Ces scènes chez Houellebecq répondent à une nécessité de vraisemblablisation. En effet, les relations sexuelles étant à l'heure actuelle soumises à la normalisation par les critères du film X, force est pour notre auteur d'inclure des scènes coïncidant à ces critères. Cela dans un but bien précis. En effet, si les lois de la libéralisation correspondent en gros pour l'économie et pour le domaine du sexe comme il l'a écrit de manière hilarante – mais néanmoins réaliste – elles sont aussi valables pour le monde de l'édition qui représente bel et bien un troisième système de différentiation, tout à fait dépendant de l'argent, le générant et l'absorbant. Et ces systèmes se comportent de manière tout aussi impitoyable. Les effets de ces trois systèmes sont par ailleurs strictement équivalents.

Tout comme le libéralisme économique et le libéralisme sexuel – et pour des raisons analogues – le libéralisme littéraire produit des phénomènes de paupérisation absolue. Certains publient régulièrement, d'autres pas du tout. Certains ont des dizaines de livres, d'autres aucuns, bien qu'ils écrivent. Certains vendent des millions de livres traduits dans un nombre incalculable de langues et se trouvent au sommet du Parnasse ; d'autres s'enlisent dans l'anonymat le plus total et ne connaissent que les rives du Léthé. C'est la « loi du marché ».

Dans un système économique où le licenciement est prohibé, chacun réussit plus ou moins à trouver sa place. Dans un système sexuel où l'adultère est prohibé, chacun réussit plus ou moins à trouver son compagnon de lit. Dans un système littéraire où la censure est prohibée, chacun réussit plus ou moins à trouver ses lecteurs. Dans un système économique parfaitement libéral, certains accumulent des fortunes considérables ; d'autres croupissent dans le chômage et la misère. Dans un système sexuel parfaitement libéral, certains ont une vie érotique variée et excitante ; d'autres sont réduits à la masturbation et à la solitude. Dans un système littéraire parfaitement libéral, certains ont une œuvre immense et de nombreux fans ; d'autres sont réduits à la réflexion solitaire voire à l'insanité ou l'autoédition[136]. Le libéralisme économique, c'est l'extension du domaine de la lutte, son extension à tous les âges de la vie et à toutes les classes de la société et à tous les domaines. Sachant

---

[136] Manipulation comparable à l'autosatisfaction.

Les arcanes de la pornographie 337

cela, il est évident qu'un auteur a tout intérêt à faire partie des nantis littéraires. Chaque auteur désire être lu. Pour être lu, il faut éditer et pour éditer, il faut vendre. Pour vendre, il est nécessaire de se mouvoir avec succès dans un champ[137].

*

Nous avons vu au début de notre ouvrage que le champ littéraire où Éros s'ébat librement est vaste et toujours présent à l'époque contemporaine. Le roman houellebecquien s'y insère parfaitement. D'autre part, les scènes sexuelles, dans leur récurrence houellebecquienne, évoluent tou-

---

[137] Pierre Bourdieu, *Les Règles de l'art. Genèse et structure du champ littéraire*, Paris, Seuil, 1992.

jours dans le cadre de représentations plus ou moins admises par la doxa. Fréquemment, bien qu'incorrectes légalement puisque sur la verge de la pédophilie, par exemple, elles n'en sont pas moins sexuellement correctes du point de vue éditorial et auctorial. Le cunnilinctus, la fellation, la masturbation, le triolisme, le viol, le sadomasochisme, le cannibalisme... sont bien décrits pour exprimer le sexuellement correct de Houellebecq, les aléas et les obligations du champ littéraire actuel étant pris en considération. Houellebecq approche même la scatologie artistique dans *Plateforme* où l'artiste Bertrand Bredane s'est illustré en cultivant des mouches dans ses propres excréments qu'il lâchait ensuite dans les salles d'exposition.

Une admiration sans équivoque s'empare du lecteur après une analyse des scènes de sexe houellebecquiennes et leur parfaite insertion dans les romans. Les tonalités des descriptions sont d'autant plus flagrantes qu'elles servent une narration dans laquelle les idiosyncrasies particulières des héros les placent dans une situation en porte à faux avec les lois sociétales généralement prônées. Sans jamais transgresser les codes doxiques, l'auteur flirte avec les possibles et les impossibles, les obligés et les superflus dans un équilibre narratif suggérant un réalisme dans une époque en mutation, expression d'une société en transformation, mais non sa copie intégrale. Houellebecq a su éviter les écueils de l'index – tout en donnant l'impression de mériter l'interdiction. Le système de valeurs initié dans *Extension du domaine de la lutte* a été exposé, proposé et retravaillé dans les romans suivants, liant les progrès indéniables de l'écriture et les libertés de l'imaginaire houellebecquien. Utopie, dystopie, positivisme et réalisme se mêlent pour aboutir au sexe qui, bien rarement débridé, n'en reste pas moins libérateur dans la jouissance de lecture. Provocation douce dans la description indubitablement tendre parfois, clairsemée au fil des pages pleines de trouvailles et de régénérescences, telle est la prose houellebecquienne comme nous avons pu la parcourir et l'analyser dans cet ouvrage.

*

Index

abjection, 265, 274
Alberoni, 293, 348
amour, 6, 41, 64, 72, 105, 150, 156, 182, 219, 226, 233, 234, 237, 241, 280, 301, 312, 314, 323, 349, 351
angoisse, 23, 25, 292, 294
Angot, 67, 83, 86, 87, 90, 91, 92
Annabelle, 263, 319, 321
Assouline, 63
Authier, 19, 21, 28, 29, 67, 105, 106, 110, 348
Balzac, 306
Barbara, 124, 127, 243
Barthes, 108, 109, 328, 348
Blow job, 144
Bruckner, 324, 325, 348
Bruno, 11, 117, 118, 119, 120, 125, 140, 161, 165, 166, 167, 169, 171, 177, 179, 181, 182, 186, 191, 206, 210, 211, 213, 215, 216, 218, 219, 220, 222, 245, 256, 258, 262, 268, 279, 282, 290, 291, 294, 306, 309, 315, 318, 325
Calaferte, 55, 57, 58, 59, 60, 61, 63
Camus, 106, 108, 109, 110
cannibalisme, 58, 256, 258, 266, 336
Cantique de la racaille, 52, 53
Cape d'Agde, 307
castration, 11, 161, 293

Catherine Lechardoy, 225, 226, 228, 244, 246
censure, 32, 49, 325, 326, 333
champ littéraire, 335
chiffres, 9, 307
Christiane, 118, 119, 140, 182, 206, 210, 214, 216, 218, 219, 220, 245, 256, 258, 259, 264, 279, 290, 291, 294, 319
cinéma, 20, 52, 121, 130, 159, 239, 353
Clémence Picot, 22
Clinton, 131
clitoris, 117, 120, 173, 195
Cocteau, 30
Collard, 106
coup de foudre, 217, 235
crudité, 40, 93
cunnilinctus, 114, 117, 145, 154, 156, 336
Daniel1, 234, 237, 239, 242

dérision, 39
descriptions, 16, 17, 18, 43, 159, 183, 296, 299, 313, 337
désespoir, 10, 51
Di Meola, 135
Djian, 26
doxa, 199, 200, 202, 204, 208, 250, 299, 301, 336
Dustan, 105, 106, 109, 110
Économie, 14
écriture, 7, 8, 10, 17, 21, 24, 37, 44, 49, 61, 62, 77, 87, 90, 109, 112, 113, 201, 309, 338, 349
EDLL, 138, 186, 203, 224, 225, 228, 265, 274
éjaculation, 46, 119, 165
Ellis, 110
épigones, 19
érection, 46, 120, 194, 206, 292, 321
Ernaux, 67, 68, 69, 73, 75, 76, 77, 78, 81, 83, 85, 92, 103

Éros, 7, 19, 113, 157, 182, 335, 348
Esther, 122, 236, 237, 239, 241, 242, 282
esthétique, 168, 331
éthique, 32, 166, 254, 309, 319, 331
Eucharistie, 133, 250
Evrard, 143
Extension du domaine de la lutte, 9, 21, 111, 138, 172, 206, 223, 244, 265, 267, 291, 292, 305, 308, 318, 321, 322, 338, 350
fantaisies animalières, 10, 293
fellation, 58, 114, 115, 116, 119, 121, 125, 129, 130, 135, 137, 138, 142, 143, 205, 207, 308, 336, 351
Femmes, 104, 349

Ferrier, 192, 193, 201, 349
Finkielkraut, 324, 325, 348
Flaubert, 306
fonctions, 8, 205, 317
Freud, 169, 259, 349
Genka, 29, 30, 31, 32, 33, 34, 35
Guibert, 106
H.P. Lovecraft, 267
Hannelore, 119, 120
homosexualité, 39, 105, 108, 143, 287, 297
Houellebecq, Sperme et sang, 7, 8, 267, 349, 354
humour, 13, 39, 44, 53, 57, 119
Huxley, 12, 163, 165
inceste, 29, 30, 39, 86, 90, 165, 250
interdiction, 30, 32, 33, 37, 130, 171, 326, 338
intertextualité, 8, 164
irrumateur, 141

Isabelle, 234, 235, 236
Jane, 159, 165, 169, 170, 174, 317
Janet, 188, 190
Jauffret, 20, 21, 22, 23, 26, 67
Jeanne la pudeur, 31, 32, 34, 35
Jean-Yves, 141, 250
Jouhandeau, 6, 31
Jubilations vers le ciel, 64, 65
L'Épi monstre, 30, 32
L'Événement, 77, 78, 80, 84, 103
L'Origine du monde, 169
L'Os de Dionysos, 27, 28, 29
La Honte, 69
La Luxure, 100
La Possibilité d'une île, 15, 122, 135, 176
La Rivière, 145, 146, 147, 154

La Vie sexuelle de Catherine M., 93, 94, 100
Laborde, 26, 27, 28
Lanzarote, 12, 38, 124, 126, 243, 253, 280, 291, 318, 350
Le Château de Cène, 44, 48, 51, 52
Le Nouveau désordre amoureux, 324
lecteur, 23, 24, 34, 60, 63, 66, 72, 78, 83, 84, 85, 87, 89, 95, 120, 124, 167, 199, 201, 214, 215, 216, 222, 227, 239, 244, 259, 261, 262, 265, 279, 287, 299, 311, 313, 320, 322, 337
Lenne, 121, 130, 351
Les Particules élémentaires, 11, 34, 117, 135, 138, 192, 252, 256, 262, 268, 294, 350

lesbianisme, 13, 15, 288
lesbiennes, 13, 127, 279, 291, 295
Lieu du changement, 210
littérature, 11, 18, 20, 28, 32, 38, 61, 62, 66, 76, 82, 83, 92, 94, 106, 108, 110, 112, 130, 142, 143, 167, 232, 274, 279, 280, 319, 325, 328
Loti, 274
Louÿs, 39, 43
Lovecraft, 267, 269
Lumbroso, 101
maltraitance, 259
Marten, 184
masochisme, 39, 189, 278
masturbation, 11, 170, 184, 185, 189, 192, 193, 194, 195, 199, 200, 204, 205, 308, 321, 323, 334, 336, 349
Matzneff, 100
mémoire, 8, 70, 84, 85
mère, 43, 69, 80, 96, 160, 161, 165, 169, 170, 252, 259, 262, 325, 354
Métaphore, 175, 181, 182
Michel, 3, 5, 6, 7, 8, 9, 11, 12, 14, 15, 17, 20, 26, 50, 78, 100, 101, 102, 112, 114, 117, 145, 146, 162, 175, 176, 177, 180, 182, 185, 199, 206, 222, 229, 232, 233, 234, 245, 259, 264, 265, 267, 268, 279, 282, 284, 287, 288, 291, 296, 300, 312, 314, 315, 316, 319, 321, 322, 325, 350, 353, 354
Millet, 92, 93, 98, 100, 109
Mishima, 31

Moix, 64, 65, 66
Mossuz-Lavau, 166, 271, 272, 351
Nabokov, 31
Nicolas, 29, 30, 31, 32, 34, 35, 110
Noël, 44, 45, 48, 50, 51, 52
Nouvelles Frontières, 14, 255
onanisme, 184, 190
organes féminins, 11, 171, 174
organes masculins, 11, 12, 13, 15
orgasme, 46, 286, 301
outrage, 37, 45
Pam, 124, 127, 243
partouze, 125, 308
Pasolini, 31
Passion fixe, 103, 105
Passion simple, 67, 69, 81
pédophile, 12, 101, 251, 253
pénétration, 46, 124, 130, 132, 135, 137, 170, 200, 205, 207, 308, 330
perversion, 185, 188, 189, 297
Plateforme, 14, 133, 141, 229, 250, 268, 275, 280, 282, 296, 312, 328, 336, 350
Polac, 100, 101, 102
pornographie, 27, 28, 55, 66, 295, 329, 330
pornographique, 17, 45, 51, 52, 68, 94, 144, 281, 329
prix de Flore, 52
Promenade, 23, 26
prostituée, 190, 289
Proust, 64
quête identitaire, 181
racisme, 266, 269, 275, 277
Raphaël, 33, 138, 264, 294, 323
Ravalec, 52, 53, 54
réel, 139, 185, 192, 195, 198

relations sexuelles, 18, 114, 117, 167, 168, 331
rencontre, 11, 12, 14, 70, 118, 120, 124, 143, 153, 209, 216, 218, 222, 224, 227, 229, 231, 232, 234, 235, 236, 237, 239, 242, 243, 244, 245, 246, 291, 306
rêves, 8, 313
révolution sexuelle, 121, 126
Robert, 275, 276
Rudi, 119, 243, 253, 254
Rudi et Hannelore, 119
sacrilège, 39
Sade, 40, 108, 348
Septentrion, 55, 57, 60, 61
sexe, 9, 17, 20, 26, 36, 46, 47, 52, 56, 61, 62, 68, 82, 92, 103, 105, 106, 107, 108, 110, 111, 112, 114, 119, 120, 122, 124, 127, 134, 135, 139, 143, 162, 169, 174, 186, 195, 199, 204, 211, 213, 215, 217, 219, 242, 247, 283, 285, 287, 292, 302, 306, 307, 309, 313, 315, 317, 318, 322, 329, 330, 332, 337, 348, 352
SM, 295, 296, 352
Sollers, 103, 104, 105, 310, 311
Sorin, 33
souffrance, 84, 296, 298, 300
suicide, 263
tabou, 171, 206, 279, 291, 301
télévision, 20, 130, 239
Thaïlande, 14, 230, 233, 275, 318
Totem et Tabou, 259, 349

tourisme, 14, 142, 192, 318
Tricks, 106, 109
Trois filles de leur mère, 39
Une Femme, 69
Urbain d'Orlhac, 44
Valérie, 14, 134, 182, 199, 206, 229, 230, 232, 233, 234, 245, 269, 279, 282, 283, 284, 285, 286, 287, 288, 291, 296, 297, 302, 312, 314, 319, 325

viol, 15, 21, 34, 37, 58, 250, 268, 271, 272, 308, 336
violence, 21, 48, 57, 112, 241, 260, 268, 273, 278, 294, 299
vulve, 37, 118, 159, 160, 161, 167, 169, 170, 173, 174, 180, 317, 325
Warhol, 144, 157
Wittig, 287, 288
Zola, 306
zoophilie, 39, 44, 45, 47, 50
Zwang, 162, 174, 329, 352

Bibliographie

F. Alberoni, *Le Choc amoureux*, Paris, Ramsay, 1981

F. Alberoni, *L'Érotisme* (1986), Paris, Ramsay, 1990, Tr. Raymonde Coudert

C. Authier, *Le Nouvel Ordre sexuel*, Paris, Bartillat, 2002

G. Bachelard, *L'Eau et les Rêves* (1942), José Corti, Paris, 1966

R. Barthes, *Sade, Fourier, Loyola*, Paris, Seuil, 1971

G. Bataille, *L'Érotisme*, Paris, Minuit, 1957

G. Bataille, *Les Larmes d'Éros*, Paris, J.-J. Pauvert, 1971

S. de Beauvoir, *Le deuxième sexe*, Paris, Gallimard, 1949

P. Bruckner et A. Finkielkraut, *Le Nouveau Désordre amoureux*, Paris, Seuil, 1979

H. Cixous, *Entre l'écriture*, Paris, Des Femmes, 1989

M. L. Clément, *Houellebecq, Sperme et sang*, Paris, L'Harmattan, 2003

E. Durkheim, *Jugements de valeur et jugements de réalité*, Paris, Librairie Félix Alcan, 1930

E.-J. Duits, *L'autre désir, Du sadomasochisme à l'amour courtois*, Paris, La Musardine, 2000

B. Ferrier, *Un plaisir maudit, Enjeux de la masturbation*, Paris, La Musardine, 2000

R. Fox, *Anthropologie de la parenté,* Paris, Gallimard, 1972

J. G. Frazer, *Les origines de la famille et du clan*, Paris, Felix Alcan, 1922

S. Freud, *Totem et Tabou* (1912), Paris, Payot, 2001

S. Freud, *Introduction à la psychanalyse*

(1912), Paris, Petite Bibliothèque Payot, 1961

S. Griffin, *Pornography and Silence*, New York, Harper and Row, 1982

M. Houellebecq, *Extension du domaine de la lutte*, Paris, M. Nadeau, 1994

M. Houellebecq, *Les Particules élémentaires*, Paris, Flammarion, 1998

M. Houellebecq, *Lanzarote*, Paris, Flammarion, 2000

M. Houellebecq, *Plateforme*, Paris, Flammarion, 2002

M. Hurni et G. Stoll, *La Haine de l'Amour*, Paris, L'Harmattan, 1996

V. Jouve, *L'Effet-personnage dans le roman*, Paris, PUF, 1992

C. G. Jung, *Synchronicité et Paracelsica*, Paris, Albin Michel, 1988

Du même auteur

M. Klein et J. Rivière, *L'amour et la haine. Le besoin de réparation*, Paris, PBP, 2001, traduit par A.Stronck

J. Kristeva, *Pouvoirs de l'horreur*, Paris, Seuil, 1980

J.-D. de Lannoy et P. Feyereisen, *L'Inceste, un siècle d'interprétations*, Paris, Delachaux et Niestlé, 1996,

G. Lenne, *De la fellation, Comme idéal dans le rapport amoureux*, Paris, La Musardine, 2002

G. Lopez, *Les violences sexuelles sur les enfants*, Paris, PUF, 1997

J. V. Marquès, *No es natural, Valencia*, Editorial Prometeo, 1980

J. V. Marquès, *Que hace el poder en tu cama*, Barcelone, El Viejo Topo, 1981

J. Mossuz-Lavau, *La Vie sexuelle en France*, Paris, La Martinière, 2002

H. Parat, *L'Inceste*, Paris, PUF, 2004

P.-C. Racamier, *Les schizophrènes*, Paris, Petite Bibliothèque Payot, 1980

M. Sammoun, *Tendance SM, Essai sur la représentation du sadomasochiste*, Paris, La Musardine, 2004

M. Wais et I. Gallé, *Alledaags misbruik, Ervaringen met slachtoffers, daders en ouders*, Zeist, Uitgeverij Vrij Geestesleven, 1997

E. Westermarck, *Histoire du mariage*, Paris, Payot, 1945

G. Zwang, *Éloge du con, Défense et illustration du sexe féminin*, Paris, La Musardine, 2001

Du même auteur

* *Carmen*, KDP Publishing, 2017
* *Andreï Makine de l'Académie française. Etudes réunies par Murielle Lucie Clément*, KDP Publishing, 2017
* *Andreï Makine. Recueil 2011*, Emelci, 2011, (aussi en version Kindle)
* *Le Monde selon Andreï Makine. Textes du collectif de chercheurs autour de l'œuvre d'Andreï Makine*, Murielle Lucie Clément et Marco Caratozzolo (eds.), Éditions Universitaires Européennes, 2011
* *Michel Houellebecq à la Une*, sous la direction de Murielle Lucie Clément et Sabine van Wesemael eds., Rodopi, 2011
* *Le Malaise existentiel dans le roman français de l'extrême contemporain* (e. a. ed.), Éditions Universitaires Européennes, 2011
* *Andreï Makine. Le multilinguisme, la photographie, le cinéma et la musique dans son œuvre*, L'Harmattan, 2010
* *Lou rediviva Entretiens avec Pascale Hummel*, Philologicum, 2010
* *Michel Houellebecq. Sexuellement correct*, Éditions Unversitaires Européennes, 2010
* *Andreï Makine. Présence de l'absence : une poétique de l'art (photographie, cinéma, musique)*, Éditions Universitaires Européennes, 2010
* *Au fil des ondes. Ebauches sur des correspondances culturelles*, Ressouvenances, 2010.

* *Les Bienveillantes de Jonathan Littell*, Études réunies par Murielle Lucie Clément, Openbook Publishers, 2010
* *Autophilologie. Entretien avec Pascale Hummel*, Philologicum, 2010
* *Andreï Makine. Etudes réunies par Murielle Lucie Clément*, Rodopi, CRIN 53, 2009
* *L'Art français contemporain aux Pays-Bas*, Turksma & Partners, 2009
* *Autour des écrivains franco-russes*, (dir.), L'Harmattan, 2008
* *Écrivains franco-russes. Études réunies par Murielle Lucie Clément*, Rodopi, 2008
* *Relations familiales dans les littératures française et francophone des XXe et XXIe siècles. La Figure du père*, Murielle Lucie Clément e.a. eds., L'Harmattan, 2008
* *Relations familiales dans les littératures française et francophone des XXe et XXIe siècles. La Figure de la mère*, Murielle Lucie Clément e.a. eds., L'Harmattan, 2008
* *Andreï Makine. Recueil 2007*, Emelci, 2007
* *Michel Houellebecq sous la loupe*, Murielle Lucie Clément e.a. eds., Rodopi, 2007
* *Michel Houellebecq revisité*, L'Harmattan, 2007
* *Baudelaire et la musique*, Éditions Sahar, 2005
* *Houellebecq, Sperme et sang*, L'Harmattan, (2003) ASCA BOOK AWARD 2004
* *Mongolie-Mandchourie-Sibérie*, Éditions de l'Adret, 2000

Table des matières

Introduction, 7
Bouillon de culture, 19
Cunnilinctus et fellation, 115
La rivière, 147
La vulve de Jane, 159
La masturbation, 185
In fine, 205
De la rencontre chez Houellebecq, 209
En somme, 245
Attouchements des interdits majeurs et mineurs, 249
Valeur marchande et commercialisation, 303
Les arcanes de la pornographie, 331
Index, 341
Bibliographie, 349
Du même auteur, 355
Table des matières, 357
Remerciements, 359

Je voudrais vous remercier d'avoir acheté et lu *Michel Houellebecq. Sexuellement correct*. J'espère que vous y avez trouvé du plaisir.

Je vous serais extrêmement reconnaissante si vous pouviez mettre un commentaire sur la plateforme où vous l'avez téléchargé, cela m'aiderait beaucoup pour savoir comment améliorer mes écrits dans le futur.

Par ailleurs, si vous désirez être tenu au courant de mes prochaines publications, et la date de parution de mon prochain livre, veuillez m'envoyer un mail en mentionnant dans l'objet « parutions livres » à cette adresse :

Clementml@me.com

N'ayez crainte, je suis très respectueuse de la vie privée de chacun et votre adresse mail sera en sécurité. Il va sans dire que je ne la transmettrai à personne. N'ayez pas peur non plus d'être inondé de mails de ma part, je ne sors pas un livre toutes les semaines!

D'autre part, si vous êtes intéressé à connaître mes autres sujets de prédilection, vous pouvez vous rendre sur ma page auteur Amazon : http://amzn.to/1p1wpqO

Vous pouvez aussi me suivre sur
mon blog : www.aventurelitteraire.com
ma page FaceBook :
https://www.facebook.com/murielluci eclementpage/
mon site perso :
www.murielleluciclement.com

Imprimé par CreateSpace

Tous droits réservés.

www.ingramcontent.com/pod-product-compliance
Lightning Source LLC
Chambersburg PA
CBHW050835230426
43667CB00012B/2006